LEUR PÉRIPLE

À propos de l'auteur :

Carolina Phillips, biologiste, épouse et mère de deux enfants, est dans sa commune de Poing, en Bavière, une bénévole fortement engagée.

Fin 2013, elle lance, développe et dirige un projet à l'intention des demandeurs d'asile visant à leur simplifier la vie et à faciliter leur intégration au sein de la commune.

Forte de ses origines multiculturelles et de ses nombreux voyages à l'étranger, Carolina n'hésite pas à aller à la rencontre des nouveaux arrivants et de leurs cultures. Son travail est dicté par la passion qui l'anime et le plaisir de rapprocher les peuples.

Elle est convaincue que l'ouverture d'esprit et la tolérance contribuent à faire de notre terre un monde meilleur.

Autre publication de Carolina Veranen-Phillips:

Mint Tea to Maori Tattoo! ISBN 9780755214730 (en anglais)

Haltestelle Poing ISBN 9783741210341 (en allemand)

LEUR PÉRIPLE

Mon émouvante histoire avec les demandeurs d'asile

Carolina Veranen-Phillips

Traduit de l'allemand par Marie-Ève Lortie

Édition : BoD - Books on Demand

12/14 rond point des Champs Elysées

75 008 Paris, France

Impression : BoD – Books on Demand, Allemagne

ISBN : 978-2-322084081

Dépôt légal : Octobre 2017

À toutes les personnes qui ont cherché refuge à Poing.

Un grand merci à tous ceux et celles qui m'ont prêté main-forte, qui ont cru en moi et qui m'ont encouragée. Sans vous, je n'aurais pas pu accomplir autant de choses.

J'aimerais également remercier ma famille pour sa patience, de même que Gabriele Keller et Judith Schwandner pour leur soutien dans le cadre de mon projet de livre, ainsi que Delphine Prüfer et Nelly Pillon pour la relecture.

Les noms des personnes présentées dans ce livre, hormis celui de l'auteur Carolina Phillips et de Mme Ismair, qui a accordé sa permission, ont été modifiés pour des raisons de sécurité et de protection de l'identité.

Table des matières

Préface

La première chose que je me suis demandée en lisant le titre original du livre, "Haltestelle Poing" (littéralement, «Station Poing»), est ce que signifiait vraiment cette expression.

À mes yeux, les stations ou haltes sont autant d'événements marquants jalonnant nos vies. Sans elles, nous n'aurions plus de points de repère et marcherions d'un pas mal assuré. Chacun de nous a besoin de haltes qui lui sont propres pour avancer dans la vie.

De nombreux demandeurs d'asile ont quitté leur terre natale et se sont engagés dans une quête de plusieurs mois pour trouver un lieu de séjour où ils pourraient vivre en paix. C'est à l'issue de cet éprouvant voyage que quelques centaines d'entre eux sont arrivés à Poing, une étape bien importante pour eux : c'est ici qu'ils ont pu séjourner pour la première fois dans un hébergement où ils seraient en sécurité.

Ces réfugiés ont été accueillis à Poing par Carolina Phillips, une bénévole du centre familial, qui, avec l'aide de son cercle de volontaires, s'était préparée à leur arrivée.

Grâce à son dévouement et à son empathie sans limites, à sa créativité débordante et à ses divers projets au centre familial, notre commune est devenue pour de nombreux demandeurs d'asile en fuite un arrêt à l'écart du danger sur la route de leur nouvelle vie. C'est son intérêt pour les autres cultures et sa curiosité qui la motivent à venir en aide aux nouveaux arrivants. Une véritable chance pour notre commune.

Au nom de tous les bénévoles, je remercie Carolina Phillips pour son engagement face à cet important défi social.

Quant à vous, chers lecteurs, je vous laisse découvrir les beaux comme les tristes moments de ce livre. J'espère qu'il saura éveiller votre curiosité de l'autre et vous inspirer des projets de soutien et d'intégration pour les demandeurs d'asile, quels qu'ils soient.

Albert Hingerl

Maire de Poing

I Comment tout a commencé

Ils sont arrivés !

Février 2014. Je reçois un coup de fil inattendu. L'information dont me fait part Thomas Gerck, elle, ne l'est pas. Le journaliste du Münchner Merkur me transmet les renseignements que j'attendais :

« Bonjour Mme Phillips, peut-être êtes-vous déjà au courant, mais je voulais vous signaler que les premiers réfugiés étaient arrivés. Ils sont d'ailleurs déjà à Poing. Depuis hier. »

Une fois que j'eus raccroché, je sentis mon cœur battre au rythme de mes pensées : combien sont-ils ? Comment vont-ils ? Quelles épreuves ont-ils traversées ? D'innombrables questions surgirent dans mon esprit, auxquelles je n'avais encore que peu de réponses. Je savais déjà qu'ils étaient quatre et qu'ils venaient du Pakistan. C'étaient les seuls renseignements dont je disposais pour l'instant.

Je m'étais armée de patience. J'attendais leur arrivée depuis déjà très longtemps. Je m'étais préparée à être présente pour eux, à les aider.

Ils étaient enfin arrivés : quatre hommes du Pakistan, les premiers demandeurs d'asile à Poing. Le temps était maintenant venu d'aller à leur rencontre. Mais comment parvenir à les joindre ? Est-ce que je pouvais tout simplement aller leur rendre visite ? Ou est-ce que je devais d'abord avoir une autorisation de la commune ? Où vivaient-ils, au juste ? J'aurais eu besoin de renseignements et de contacts, mais je n'avais ni l'un ni l'autre. Tout avait commencé au mois d'août 2013. Le maire de Poing avait convié les habitants de la commune à une réunion en soirée pour démystifier la question de l'asile. Ce serait l'occasion d'expliquer la situation des demandeurs d'asile en Allemagne et de présenter ses répercussions sur la ville de Poing. En raison du nombre grandissant de migrants en Europe, il était attendu que l'Allemagne serait également confrontée à cette réalité. En effet, depuis 2011, le nombre de demandeurs d'asile dans la République fédérale d'Allemagne avait augmenté d'environ 50 % chaque année. En 2013, on en comptait 127 000. En 2015, le Bundesamt für Migration und Flüchtlinge (BAMF) [Office fédéral pour l'immigration et les réfugiés] déclarait avoir reçu 425 035 demandes.

Ce n'était pas seulement la participation des grandes villes comme Berlin, Francfort et Munich qui était requise ; les villes et villages autour de ces centres urbains furent également invités à prendre en charge des demandeurs d'asile.

Poing est une ville jeune et petite. Elle compte 15 000 habitants et se situe à l'est de Munich, dans la région d'Ebersberg. Une vingtaine de personnes de la commune participa à cette réunion portant sur les demandeurs d'asile. Le maire et les représentants du Landratsamt (LRA) [sous-préfecture] d'Ebersberg essayèrent, en s'appuyant sur des faits et des chiffres, d'examiner les possibilités d'accueil des demandeurs d'asile dans notre commune et d'établir des prévisions en ce sens. L'objectif réel de la réunion était cependant de trouver des logements pour accueillir les réfugiés.

C'est au cours de cette soirée que je fis la connaissance de Bettina Ismair. Ce fut une rencontre très enrichissante, décisive et inspirante pour la suite des évènements. Il y a quelques années, Mme Ismair avait mis au point un projet pour les enfants issus de l'immigration, qui portait le nom « Offenes Haus – Offenes Herz » [Porte ouverte – Cœur ouvert]. Une fois par semaine, les familles bénévoles et elle-même ouvraient les portes de leur maison aux immigrants et leur permettaient ainsi de faire partie de la famille pendant quelques heures. Les observations et interventions de Mme Ismair au cours de la soirée révélèrent son importante expérience des migrants. Elle me fascinait. Voulant en savoir plus sur son travail, j'allai à sa rencontre et nous discutâmes longuement. Elle avait réussi à lancer à elle seule un projet formidable et était parvenue à changer la vie de nombreux enfants, ainsi que celle de leur famille. Son expérience m'inspira à mettre sur pied un projet du même genre à Poing. Même si je ne savais pas encore jusqu'à quel point je voulais m'impliquer, j'étais décidée à passer à l'action. Pour y parvenir, je n'avais que ma détermination et quelques contacts au Familienzentrum[1] [centre familial] de Poing.

J'ignorais comment les représentants du LRA [sous-préfecture] et surtout le maire se sentaient à la fin de la soirée. Je ne savais pas s'ils étaient satisfaits de la réaction des citoyens.

En revanche, je savais que cette soirée avait déclenché quelque chose en moi : je m'étais sentie interpelée. Ce thème m'avait touchée. Sur le chemin du retour, dans la voiture, je

---

[1]

Les centres familiaux sont très communs en Allemagne. Chaque ville a le sien. Ce sont des associations bénévoles offrant un lieu de rencontre et des activités pour toute la famille, principalement pour mères et enfants en bas âge.

me sentis envahie d'une vague de bien-être. Je me mis à sourire. J'étais sûre d'une chose : je voulais aider. Le seul fait d'y penser me remplissait d'un sentiment de paix intérieure. À cet instant, je sus que j'avais pris la bonne décision. Toutefois, j'ignorais encore à quel point cette décision allait changer ma vie.

Nous étions maintenant au mois de février 2014, et nos quatre premiers demandeurs d'asile étaient arrivés à Poing. Près de six mois s'étaient écoulés depuis la réunion avec le maire. J'en avais profité pour m'adapter à la nouvelle situation et pour achever les préparatifs. J'étais très heureuse que M. Gerck m'informe de l'arrivée des demandeurs d'asile. Ce n'est jamais facile pour des nouveaux venus de se débrouiller seuls dans la commune.

La première fois que j'avais rencontré Thomas Gerck du journal Münchner Merkur, c'était au centre familial de Poing, il y avait déjà quelque temps. Pour les nouveaux arrivants, ou plutôt les nouvelles arrivantes de la ville, comme moi, le centre familial constitue un tremplin idéal pour nouer des liens avec les gens de la commune. Ce fut aussi le cas pour moi. Plusieurs fois par semaine, un café-rencontre y avait lieu. C'était un bon endroit pour faire connaissance de nouvelles personnes et se faire des amis. Dès le début, je me sentis la bienvenue. Je pus m'entretenir et échanger des conseils avec d'autres mères de famille qui vivaient les mêmes choses ou avaient des préoccupations similaires aux miennes. Si je n'avais pas découvert ce café-rencontre, je n'aurais jamais pu m'investir bénévolement dans la cause des réfugiés.

Dès les premières semaines de mon arrivée dans la commune, j'aidai M. Gerck à écrire un article sur le centre familial de Poing. Plus tard, je recontactai M. Gerck pour l'informer d'un événement caritatif que j'avais organisé au nom du centre familial en février 2014. L'objectif était de recueillir des fonds pour les futurs demandeurs d'asile. L'événement se tint une semaine avant l'arrivée des réfugiés, ce que nous ignorions encore à ce moment-là. Pour l'occasion, Thomas Gerck nous avait envoyé un photographe afin de documenter l'événement. C'était l'une des raisons pour lesquelles il m'avait appelée le jour suivant l'arrivée des demandeurs d'asile. Il voulait me parler de son article sur l'événement caritatif. Sans son appel, je n'aurais pas été informée aussi rapidement de l'arrivée des premiers requérants d'asile.

Je n'avais qu'une chose en tête : leur rendre visite et faire leur connaissance. M. Gerck m'avait appris que Mme Marie Berg du « Poinger Tafel » (banque alimentaire de Poing[2]) avait inscrit les réfugiés dans la commune. Je ne connaissais pas Mme Berg. À cette époque, je ne connaissais même pas l'existence de la banque alimentaire. Par contre, je n'eus pas trop de mal à trouver le numéro de Mme Berg. Je m'empressai de l'appeler et fus déçue de tomber sur sa boîte vocale. Je laissai donc un message. Trente minutes plus tard, mon portable sonnait déjà. C'était Mme Berg : « Bonjour, Mme Phillips. Vous m'avez appelée ? » J'étais agréablement surprise d'entendre sa voix. Je lui expliquai rapidement ma situation : je lui racontai que je faisais partie du conseil d'administration du centre familial et que j'étais sur le point de mettre en place un projet d'aide aux demandeurs d'asile. Pour ce faire, je devais d'abord rencontrer les réfugiés. Était-elle en mesure de m'aider ?

Il y eut un bref moment de silence à l'autre bout du fil. Puis vint la réponse tant attendue :

« Demain, j'organise un déjeuner pour tous les démunis qui fréquentent la banque alimentaire de Poing. J'ai également

---

[2] Organisation allemande similaire aux « Restos du Cœur » en France.

invité nos quatre réfugiés. Vous pourriez peut-être vous joindre à nous. Parlez-vous anglais ? »

Après avoir raccroché, je tressaillis de joie et lâchai un « yes ! » en faisant un geste victorieux de la main, comme si j'avais gagné une manche au tennis. Enfin, il se passait quelque chose. Ce jour-là, je me couchai heureuse et sereine.

Au restaurant

Quand les choses sont destinées à se produire, on est envahi par un bon sentiment.

Pas étonnant donc que je me sentisse pleine de vitalité et d'énergie le lendemain. J'étais très excitée à l'idée de rencontrer les premiers demandeurs d'asile, j'attendais impatiemment ce moment. À mes yeux, cette première rencontre était un événement spécial, comme un nouveau chapitre de ma vie... C'était la clé qui allait ouvrir la porte d'une toute nouvelle activité, d'une activité à laquelle je ne m'étais jamais adonnée. Je ne m'étais encore jamais impliquée dans une commune. Je faisais du sport, mais n'avais jamais fait activement partie d'un club. Je m'étais toujours contentée d'observer. Pendant longtemps, seuls mes projets et rêves personnels occupaient mon temps et mes pensées.

À mon arrivée au restaurant, je vis une grande table pleine de gens. Il devait y avoir une trentaine de personnes. Je poussai la porte. Tous les regards se tournèrent vers moi. Je regardai autour de moi et aperçus Marie Berg. Lorsqu'elle me vit, elle me présenta au groupe. Je pus m'asseoir du côté de la table où étaient assis les demandeurs d'asile. Au début, je fus étonnée de ne voir que trois hommes. Je m'étais attendue à rencontrer quatre Pakistanais. On m'expliqua que le quatrième homme, Nuwair, n'avait pas voulu venir, car sa situation était différente de celle des autres. En effet, il avait déjà passé quelques années en Autriche avant de venir en Allemagne. Il avait déjà appris l'allemand. Peut-être avait-il aussi déjà pris part à une cérémonie de bienvenue et ne sentait donc pas la nécessité de répéter l'expérience. Peut-être encore n'avait-il pas besoin ou ne voulait-il pas de notre aide, tout simplement. Et peut-être savait-il déjà que son intégration dans une nouvelle commune n'accélérerait pas sa demande d'asile. Ce genre de demandes passe par le BAMF (voir la procédure allemande en matière d'asile, p. 197) : elles ne sont pas traitées et examinées sur place dans les communes[3]. Le fait d'être intégré ou non dans une commune allemande ou de parler allemand n'a aucune incidence sur l'issue de la procédure de demande d'asile. La seule chose qui compte, c'est ce qui s'est passé auparavant dans le pays d'origine.

Puis, je me présentai. En fait, je n'avais aucune idée de la meilleure façon de m'y prendre. Qui étais-je donc ? Que pouvais-je dire, que pouvais-je offrir ? Mon projet n'en était qu'à l'étape embryonnaire. Je n'avais encore aucun plan précis. Je voulais d'abord observer et avoir une meilleure idée de la situation. J'ignorais également quelles étaient les attentes des demandeurs d'asile. Peut-être n'allaient-ils même pas accepter notre aide. Qui sait ? En premier lieu, je voulais comprendre la situation des réfugiés et tout simplement

---

[3] Le BAMF [Office fédéral pour l'immigration et les réfugiés] ne peut accepter une demande que s'il est admis que le demandeur a besoin d'une protection internationale et qu'il peut prouver qu'il est persécuté dans son pays. (Dans le cadre de la procédure d'asile, le BAMF vérifie ensuite si le demandeur bénéficie du droit d'asile au sens de l'article 16a, paragraphe 1, de la Loi fondamentale, et si on lui reconnaît le droit à une protection internationale au sens de l'article 1, paragraphe 1, point 2, de la loi concernant la procédure d'asile.) La seule façon pour le BAMF de vérifier une telle chose est d'interroger le demandeur d'asile afin d'obtenir des renseignements sur son passé dans son pays d'origine.

souhaiter la bienvenue aux nouveaux venus. La situation dans laquelle je me trouvais était toute nouvelle, pas seulement pour moi mais aussi pour toute la commune de Poing[4].

En anglais, je commençai à expliquer que je faisais partie d'un groupe de bénévoles qui souhaitait aider les demandeurs d'asile dans la commune. J'ajoutai que notre groupe pouvait les familiariser avec la langue et la culture allemandes et, surtout, s'assurer qu'ils ne manquaient de rien dans notre commune. Azfar était le seul à savoir parler anglais. Arfeen et Hosni n'arrivaient qu'à dire quelques mots au prix de maints efforts. Comme Azfar s'était rendu en Europe en avion, il devait avoir un visa touristique. Arfeen et Hosni, quant à eux, avaient dû prendre la longue et pénible route terrestre passant par la Grèce (Carte 2, page 196). Ils avaient quelques connaissances du grec, mais n'en avaient pratiquement aucune de l'anglais. Mon grec laissant à désirer et l'ourdou[5] ne faisant pas partie de ma palette de langues parlées, je ne pouvais m'entretenir qu'avec Azfar.

En parlant avec lui, je me revis lors de mon séjour en Angleterre, où vivaient beaucoup d'Indiens et de Pakistanais. On les confond souvent, bien qu'ils soient issus de deux cultures complètement différentes aux contextes politiques et religieux distincts. Au cours de la deuxième moitié du 20ᵉ

---

[4] Des mois plus tard, le maire m'apprit que Poing avait déjà accueilli des réfugiés du Liban et de la Syrie dans les années 80 et 90 et, plus tard, de la Yougoslavie.

[5] L'ourdou est la langue nationale et la langue officielle du Pakistan et de quelques États indiens à forte concentration musulmane. Bien qu'il ne soit la langue maternelle que de dix millions de Pakistanais, l'ourdou est de plus en plus utilisé comme langue véhiculaire par les locuteurs de langues régionales différentes. En Inde, l'ourdou constitue l'une des 22 langues nationales officiellement reconnues. Il est parlé principalement dans la ville de Delhi et dans les États de l'Andhra Pradesh, de l'Uttar Pradesh et de l'Uttarakhand. Dans le monde, on compte environ 58 millions de personnes ayant l'ourdou comme langue maternelle, et de 150 à 200 millions ayant l'ourdou comme deuxième langue.

siècle, de nombreux Indiens et Pakistanais ont émigré en Grande-Bretagne. En Allemagne, par contre, on n'en rencontre que rarement. C'est pourquoi ma première question à Azfar fut de lui demander pourquoi il n'avait pas demandé l'asile en Angleterre. Après tout, son anglais était bon. L'allemand, en comparaison, n'est pas une langue facile, et celui qui ne maîtrise pas la langue du pays n'a pas de perspectives d'emploi, pas l'opportunité de commencer une nouvelle vie. Azfar avait appris, alors qu'il était encore au Pakistan, que le nombre de Pakistanais en Angleterre était très élevé et que les chances d'obtenir l'asile étaient nettement supérieures en Allemagne.

Comment puis-je vous être utile ? De quoi avez-vous besoin ? C'est par ces deux questions que commença mon action humanitaire. Azfar traduisit les questions en ourdou pour Arfeen et Hosni, qui me sourirent poliment. Je suis certaine qu'ils se demandaient qui était cette femme qui leur demandait, pleine d'entrain et d'énergie, ce dont ils avaient besoin. Azfar prit quelques minutes pour y réfléchir. Ils avaient probablement besoin de tellement de choses qu'ils ne savaient pas par où commencer. Évidemment, je n'étais pas en mesure d'exaucer tous leurs vœux ni de répondre à tous leurs besoins. Le message que je voulais faire passer, c'était que je souhaitais qu'ils se sentent ici comme chez eux. Je voulais les aider à s'intégrer dans la société et leur montrer qu'ils étaient les bienvenus à Poing. Après un moment, Azfar répondit : « Peut-être des cours d'allemand ? Nous voulons apprendre l'allemand. » Bien sûr... Des cours d'allemand !

Je les regardai et leur souris à mon tour. De nombreux sourires furent échangés ce jour-là. Entre-temps, mon cerveau traitait la nouvelle information. Je devais maintenant agir. Que pouvais-je offrir ? J'avais à ma disposition un groupe de volontaires qui n'attendaient que de mettre la main à la pâte.

J'avais trois Pakistanais qui souhaitaient apprendre l'allemand. J'avais même un endroit où nous pouvions nous rencontrer : le centre familial. Là-bas se trouvait un coin-café doté de tables rondes où l'ambiance rappelait celle d'un vrai café. Il était aussi ouvert les mardis et les jeudis matin. J'invitai spontanément les Pakistanais à s'y rendre le jeudi suivant à 9 h 30. La nouvelle eut l'air de les réjouir. De mon côté, je n'avais que deux jours pour réunir mon monde et pour organiser les cours d'allemand. Voilà ! Le projet se mettait en branle. Le jeudi aurait lieu notre première leçon d'allemand.

La nourriture arriva. Les trois hommes et moi avions commandé des pâtes aux légumes. Au Pakistan, la majorité des habitants sont musulmans et ne mangent donc pas de porc, viande qui fait pratiquement partie de chaque repas en Allemagne. Et nous étions justement dans un restaurant allemand. En optant pour un repas végétarien, les Pakistanais ne risquaient pas d'avoir une mauvaise surprise.

Nous commençâmes à manger. Mon assiette débordait de pâtes. La portion servie aurait pu nourrir trois personnes. Bien vite, je remarquai que je n'arriverais pas à finir mon assiette. Je me sentis affreusement mal. J'avais encore tellement de pâtes et je savais que je ne pourrais pas tout manger. Cela ferait mauvaise impression. La banque alimentaire offrait un déjeuner gratuit aux gens dans le besoin. Ça ne se faisait donc pas de laisser de la nourriture dans mon assiette. C'était une catastrophe. Je dirigeai toute ma concentration sur mon assiette et son contenu. Ç'en fut presque douloureux. Je rassemblai mon courage et j'en vins presqu'à bout.

Azfar et Hosni n'eurent aucun problème à finir leur assiette, tandis qu'Arfeen ne réussit à manger qu'un tiers. Pour lui aussi, la portion était trop grosse. Il était petit et mince, et il était évident qu'il ne pourrait pas avaler une si grande quantité. Il finit par me dire qu'il n'y arriverait pas. Je n'avais aucune difficulté à le croire, étant donné que j'étais dans la même situation. Tous les autres avaient fini leur assiette et attendaient que nous fassions de même. Lorsque nous expliquâmes que nous avions terminé, Marie Berg fut étonnée de voir que l'assiette d'Arfeen était encore pleine. « Ne veux-tu pas finir », lui demanda-t-elle. Je répondis pour lui, disant qu'il avait mangé à sa faim et qu'il ne pouvait plus rien avaler. C'est sur ce moment surréel que se termina ma première rencontre avec les demandeurs d'asile à Poing.

Les préparatifs

Je savais déjà, avant l'arrivée des nouveaux venus, que les cours d'allemand seraient l'une des activités les plus importantes à organiser pour les demandeurs d'asile. Les bénévoles étaient prêts à remplir cette fonction, mais n'avaient pas de formation comme professeurs d'allemand. Je jugeai toutefois que leurs connaissances de base de la langue allemande devraient suffire. Ce dont nous avions surtout besoin, selon moi, c'était des personnes sympathiques et ouvertes qui avaient le temps de rencontrer régulièrement les demandeurs d'asile. C'était important pour les jeunes hommes de connaître des habitants de Poing qui pourraient les épauler et les conseiller. Des personnes qui pourraient répondre à leurs questions de nature administrative. Ou encore qui pourraient les accompagner chez le médecin. Ce que je voulais d'abord et avant tout offrir aux réfugiés, c'était une présence. Une personne qui serait là pour eux.

Le repas au restaurant avec Mme Berg, Arfeen, Azfar, Hosni et tous les autres invités de la banque alimentaire représentait bien la situation des demandeurs d'asile à Poing et en Allemagne : quelques personnes essaient d'aider les nouveaux venus et, tant bien que mal, de communiquer avec eux, alors que la majorité de la population observe de loin et se demande ce qui a poussé ces hommes et ces femmes qui ont une apparence si différente de la leur à venir ici. Les médias regorgent de reportages sur les demandeurs d'asile et, malgré tout, la population ne sait pas vraiment que penser de cette nouvelle situation.

L'un de mes objectifs était de créer une situation gagnante pour tout le monde au sein de la commune. D'un côté, je voulais faciliter l'intégration des demandeurs d'asile dans notre ville, de l'autre, je voulais aussi donner l'occasion aux habitants de la commune de découvrir de nouvelles cultures, celles que les migrants avaient apportées de leur pays. Cet échange mutuel était pour moi, – et l'est toujours – incroyablement enrichissant pour les deux côtés. Nous offrons notre protection à ces nouveaux venus aux horizons divers et, en échange, ils enrichissent notre culture avec leur mode de vie. Pour moi, c'est un pas en avant vers un monde régi par la paix et la compréhension mutuelle. Et chaque pas compte, aussi petit soit-il.

Si seulement il n'y avait pas la peur. La peur de l'inconnu. Il est clair que les hommes ont peur de ce qu'ils ne connaissent pas. Pas seulement en Allemagne. C'est une loi universelle. L'inconnu a toujours quelque chose de mystérieux, d'incontrôlable et d'inconcevable. Souvent, nous faisons disparaître cette incertitude de notre champ visuel et de notre vie. Sans nécessairement discriminer, nous nous fermons à ce qui est nouveau. À mes yeux, ce manque d'ouverture n'est rien d'autre qu'une forme passive de discrimination.

Dans le cas présent, l'inconnu prend la forme d'une autre culture, celle des immigrants. En choisissant la compréhension et l'acceptation au lieu de l'exclusion, nous pourrions contribuer à ériger une société plus ouverte.

De plus, nous devons avoir conscience qu'il n'y a pas que notre culture qui soit bonne et importante. Tout autre mode de vie est aussi important et enrichissant que le nôtre. Tout autre mode de vie a le droit d'exister. Malheureusement, nous peinons souvent à voir à quel point les autres cultures pourraient enrichir et fortifier notre société.

Notre style de vie est marqué par la hâte et le devoir, mais ce stress ne se retrouve pas dans toutes les cultures. Pour bon nombre d'entre elles, il est plus important de passer du temps avec la famille et les amis. Les aînés occupent toujours un rôle important au sein de la société, tandis que nos personnes âgées sont souvent placées dans des maisons de retraite et délaissées. Les enfants écoutent leurs parents et les respectent. Certaines sociétés ont un bon rapport avec la mort. Elle n'est pas tabou, mais plutôt une réalité, et lorsque le temps est venu, la famille est déjà préparée et n'a pas de difficulté à en parler. Dans notre société, on ne parle pas de la mort, et de nombreuses personnes se retrouvent seules pour faire face à cette dure étape. Ce sont justement ces valences de cultures différentes qui constituent un enrichissement considérable pour l'Europe.

Certaines personnes prennent plus de risques que d'autres. Les plus aventureuses feront preuve de courage et iront à la rencontre des autres cultures. Je considère que j'appartiens à ce groupe d'aventureux. J'adore faire partie d'un ensemble hétéroclite de cultures. Je me sens incroyablement bien dans un environnement multiculturel. C'est comme si j'avais une parcelle du monde en moi.

Un sentiment renforcé par mes expériences de vie. Je pense par exemple à mon séjour au Caire. En 2002, au cours d'un voyage, je me promenais dans le quartier musulman du Caire lorsque je fis la connaissance de Mister Fouad. Je marchais seule dans un dédale de rues étroites en direction de la citadelle. Mister Fouad, qui était assis dans un café, m'interpela. C'était un Arabe vêtu d'une longue robe blanche et d'un chapeau blanc qui fumait une cigarette. Il avait l'air de respirer le bonheur et profitait pleinement du moment présent. Je ne sais pas exactement ce à quoi Khalil Gibran ressemblait, mais c'est exactement comme ce vieil Arabe Mister Fouad que je me le représentais. Il me demanda où j'allais. « À la citadelle », lui répondis-je. « Ah ! Asseyez-vous plutôt avec moi, la citadelle est fermée aujourd'hui ! » Dans un anglais approximatif, il m'invita à boire un café avec lui. J'acceptai son invitation. La citadelle pouvait attendre. Il appela ensuite le serveur, Mister Said, et lui demanda d'apporter quelque chose à boire. Je n'arrive pas à me rappeler ce que je bus en premier, mais j'eus l'occasion de goûter à une panoplie de boissons différentes, du café au thé à la menthe en passant par des boissons à base de canne à sucre. Je dus bien rester une heure à boire et à fumer des cigarettes avec lui. Probablement que Mister Fouad passe son temps assis à ce café, attendant que la journée se termine. Ce n'est que ce que je m'imagine, j'ignore si c'est vraiment le cas. Pendant tout le temps passé en sa compagnie, il me montra des personnes et des enfants et m'expliquait :. « C'est mon neveu. C'est mon fils. » Alors que j'étais sur le point de partir, il m'invita à venir dîner chez lui. Je déclinai l'invitation. Je ne saurai donc jamais ce que j'ai manqué. En tout cas, l'invitation me fit très plaisir. En Europe, ce n'est pas courant qu'un inconnu comme Mister Fouad vous invite à dîner chez lui avec sa famille. Par contre, au Proche-Orient et dans certaines régions d'Afrique, j'en ai souvent fait l'expérience.

À l'époque, je ne m'attendais pas à ça et ne pouvais me douter qu'on m'accorderait bientôt la même hospitalité dans ma propre ville à chacune de mes visites chez Fatima et Aziz, une famille palestinienne venue de Syrie.

Après la première réunion avec le maire, en août 2014, je me mis à réfléchir sérieusement à la façon dont je pouvais aider. Toute seule, je n'étais pas en mesure de mettre un grand projet sur pied. Je devais donc faire en sorte que plus de gens s'y intéressent. À l'époque, je venais tout juste d'être élue au conseil d'administration du centre familial de Poing. Je pouvais ainsi exercer une influence au sein de l'organisation et aussi sur les décisions qui y étaient prises. L'administration et ses contacts avec la commune furent d'une grande aide pour les étapes suivantes.

Je leur proposai de lancer un projet à l'intérieur de nos murs à l'intention des demandeurs d'asile et j'obtins leur bénédiction sur-le-champ. Mon idée se concrétisait. Le conseil me proposa même de faire de la publicité dans la presse locale au nom du centre familial. Je commençai par mettre une annonce dans le journal de Poing pour trouver des bénévoles qui auraient envie de donner un coup de main à l'arrivée des réfugiés. Je recevais déjà les premiers appels quelques heures après la publication. Chaque jour, des gens appelaient, chaque jour ma liste de bénévoles s'allongeait. Les semaines suivantes, le téléphone n'arrêta pas de sonner, et ce scénario se poursuivit pendant deux ou trois mois.

Je ne m'étais pas attendue à recevoir autant d'appels et de mails ! Cela montrait que nos concitoyens étaient très enthousiastes à l'idée d'aider les nouveaux venus. J'en fus vraiment stimulée. C'était justement l'impulsion qu'il me fallait pour mon prochain défi : celui de répondre aux courriels et de donner suite aux appels téléphoniques. Je m'y étais préparée tant bien que mal, mais l'Allemagne était toujours un nouveau pays pour moi et je ne maîtrisais pas encore la langue parfaitement. Après coup, cela eut bien peu d'importance, car quand les gens font preuve de bonté et veulent aider, la barrière de la langue disparaît.

Je répondis ainsi aux mails du mieux que je le pus. Lorsque je répondais au téléphone, j'essayais d'expliquer la situation et les plans que j'avais en tête le plus simplement possible. Je n'étais pas en mesure de donner des détails, la situation n'étant pas encore très claire, pour moi non plus. Petit à petit, un groupe de bénévoles se forma. Nous n'avions pratiquement pas d'information sur les réfugiés, ni sur la prochaine vague d'arrivants. Nous ne savions pas combien il y en aurait, d'où ils viendraient et ce dont ils auraient besoin. Encore moins s'ils accepteraient notre aide !

Officiellement, mon objectif était de constituer un groupe de bénévoles pour que nous soyons prêts lorsque les demandeurs d'asile arriveraient. Pour la suite nous verrions. Je m'en occuperais le temps venu. Je décidai de m'en tenir à cette idée. J'étais extrêmement motivée. Après quelques semaines seulement, ma liste de bénévoles était complète. Entre quinze et vingt personnes m'avaient confirmé leur soutien. Je n'avais jamais pensé recevoir un tel feed-back à la suite de mon annonce. Cela me donna des ailes... et le courage de poursuivre mon projet.

Je découvrais soudainement un autre visage de l'Allemagne, un visage que je n'avais encore jamais vu : des gens serviables qui étaient sincèrement intéressés à offrir leur aide. Ceux qui m'avaient appelée avaient les mêmes motivations que moi. Ils souhaitaient donner un coup de main et offrir de leur temps à ces personnes qui avaient trouvé refuge chez nous après avoir parcouru tant de kilomètres C'est ainsi que se forma notre groupe, qui me donna dès le départ le sentiment que nous pouvions parvenir à de grandes choses. Au fil du temps, j'allais me rendre compte que le groupe était beaucoup plus qu'une poignée de bénévoles. Mois après mois, des liens allaient se nouer, nous allions apprendre à nous connaître. Nous allions partager des moments et des expériences uniques, nous battre pour la même cause, bref, grandir ensemble. Nous allions devenir une communauté d'amis extrêmement liée. Il y aurait toujours une oreille attentive lorsque nous aurions des soucis ou des peurs. Nous serions toujours présents les uns pour les autres. Nous avions mis ce groupe sur pied pour aider les réfugiés, mais il se révélerait être bien plus que ça. Nous allions nous aider nous-mêmes.

Pour l'instant, nous n'étions qu'un groupe de bénévoles, sans migrants à aider. J'avais toutefois la certitude que nous étions très bien préparés à l'arrivée des réfugiés, peu importe la date. Nous voulions enseigner un peu d'allemand aux nouveaux venus et leur expliquer le mode de vie en Allemagne dans le but de faciliter leur intégration dans notre société. Auparavant, je n'avais encore jamais eu de contact avec des demandeurs d'asile. Je n'avais donc aucune idée de la procédure et du système allemands en matière de réfugiés. Je me sentais terriblement seule, car je ne savais pas qui pourrait répondre à mes nombreuses questions.

Un matin, une idée me vint. Bien que les réfugiés n'étaient pas encore arrivés, les bénévoles étaient fin prêts et voulaient passer à l'action une fois pour toutes. Pourquoi ne pas organiser un événement caritatif pour amasser des fonds pour les réfugiés ? L'idée plut tout de suite au centre familial et nous prîmes la décision de simplement combiner notre événement avec le théâtre d'enfants, qui avait lieu chaque année. Le plan était de cuisiner et de vendre des gâteaux, puis d'investir les recettes dans notre projet. De plus, la vente de café et de gâteaux était une superbe occasion d'apprendre à mieux connaître les autres bénévoles du groupe. La presse fut également invitée : le Münchner Merkur et le Süddeutsche Zeitung[6]. C'était une façon pour le centre familial de déclarer haut et fort aux habitants de Poing qu'il encourageait ce projet et qu'il disait OUI aux réfugiés. J'étais très enthousiaste à l'idée d'enfin apprendre à mieux connaître mes ambitieux collègues !

1er février 2014. À mon arrivée au centre familial, une petite foule m'attendait déjà.

« Bonjour, je suis Carolina ! »

« Bonjour, moi, c'est Astrid ! »

« … et moi, Hilda. »

Pas plus compliqué que ça. Je pensais que nous aurions un peu plus de temps pour bavarder, mais notre public réclamait déjà du café et des gâteaux ! En peu de temps, nous étions déjà débordés ! Malgré tout, je pus avoir un premier aperçu des personnes qui m'avaient offert leur aide. Je pus voir leur motivation et leur gentillesse, même si je ne les connaissais pas encore vraiment ! De plus, j'eus l'occasion de m'entretenir avec la presse. L'organisation d'un tel événement était une chose tout à fait nouvelle pour moi, j'appris beaucoup. La journée se déroula sans aucun tracas. La presse fut très affable à notre égard et écrivit un charmant petit article à notre sujet. Mais ce qui me fit le plus plaisir, c'était de constater que notre groupe de bénévoles avait réussi son premier test !

---

[6] Le Münchner Merkur et le Süddeutsche Zeitung sont deux journaux importants en Bavière.

Le Pakistan

Comme je l'ai déjà mentionné, nos premiers réfugiés venaient du Pakistan. En Allemagne, on ne sait pas grand-chose de ce pays. En Grande-Bretagne et en Australie, la situation est bien différente, étant donné qu'on joue là aussi au cricket. Après tout, le sport rapproche les gens. L'Allemagne et le Pakistan n'ont pas de passé commun, et ils n'ont que très peu de liens encore aujourd'hui. Le Pakistan compte plus de 191 millions d'habitants et la majorité d'entre eux est musulmane. Le Pakistan occupe le sixième rang des pays les plus peuplés au monde. Il borde la mer d'Arabie et le golfe d'Oman, juste à côté de l'Inde. Il partage d'autres frontières avec l'Afghanistan à l'ouest, l'Iran au sud-ouest et la Chine à l'extrême nord-est.

Pour mieux comprendre ce qui a poussé les Pakistanais à demander l'asile en Allemagne, il convient de se pencher sur l'histoire de leur pays. Encore au 19e siècle, le Pakistan était une colonie anglaise. Ce n'est qu'en 1947 que le pays proclama son indépendance et se sépara de l'Inde. Pour beaucoup d'Indiens musulmans, le Pakistan devint une nouvelle patrie. La scission de l'Inde causa des déplacements de population sans précédent. Près de 3,5 millions d'hindous et de sikhs quittèrent le Pakistan pour l'Inde et plus de 5 millions de musulmans quittèrent l'Inde pour le Pakistan. Depuis la séparation des deux pays, la région du Cachemire, dans le nord, est convoitée et à l'origine de deux des trois guerres qui éclatèrent entre le Pakistan et l'Inde entre 1947 et 1968. Malheureusement, le conflit perdure encore aujourd'hui.

Au cours des dernières décennies, la politique pakistanaise fut marquée par la corruption et le marasme économique. Ni un gouvernement civil ni un régime militaire ne réussirent à stabiliser le pays. Ce dernier n'arriva pas non plus à se relever financièrement. La situation précaire en matière de sécurité et les faibles investissements contribuèrent à faire stagner l'économie du Pakistan, et ce, malgré une forte participation du secteur privé. Après les attentats du 11 septembre 2001, le Pakistan cessa de soutenir le régime des talibans en Afghanistan et se retrouva soudain en première ligne dans la lutte contre le terrorisme aux côtés des États-Unis. Durant cette période, les troupes pakistanaises menèrent une lutte acharnée pour reprendre le contrôle des régions leur appartenant le long de la frontière afghane, où se cachaient et se cachent toujours des talibans. Le rapport qu'entretenait le Pakistan avec les États-Unis se transforma radicalement en avril 2011, lorsqu'Oussama Ben Laden fut assassiné. En effet, les Américains trouvèrent le chef d'Al-Qaïda à Abbottabad, ville située à 50 kilomètres seulement au nord d'Islamabad. Le Pakistan avait pourtant toujours réfuté les allégations des États-Unis comme celles de l'Afghanistan selon lesquelles il aurait offert refuge à des membres dirigeants du groupe terroriste.

Un jeune pays à la démocratie fragile, une corruption poussée à l'extrême et la présence palpable de tensions et d'actes terroristes... Pas étonnant que de nombreux Pakistanais veuillent quitter leur pays pour tenter de mener une vie stable en toute sécurité en Europe ou en Amérique du Nord.

Le premier cours d'allemand

Il était neuf heures du matin, j'étais assise au café du centre familial et j'étais plutôt nerveuse en attendant que les trois réfugiés du Pakistan arrivent. Linda avait déjà travaillé comme enseignante d'allemand au Canada et devait venir aussi. J'avais apporté quelques livres d'enfants en allemand, des crayons, du papier... Tout était prêt ! Aujourd'hui, lorsque je jette un regard sur le passé, je sais que les livres ne sont pas si importants au début du processus d'apprentissage d'une langue. On apprend aussi vite en se retrouvant dans des situations de la vie courante qu'en répétant et en écrivant sans cesse les mêmes mots de base.

À 9 h 30, Azfar arriva. Il paraissait hésitant et regardait prudemment autour de lui. Peu après arrivèrent Arfeen et Hosni, qui étaient aussi très timides. Je les saluai d'un sourire chaleureux et les invitai à s'asseoir à ma table. D'autres mères de famille étaient assises au café. Aujourd'hui encore, je me demande si la situation n'était pas étrange pour les Pakistanais. Si c'était le cas, ils n'en ont rien laissé paraître. C'était plutôt inhabituel d'avoir des hommes dans notre café, surtout à la peau foncée. J'étais très heureuse qu'ils soient venus. De toute évidence, ils souhaitaient apprendre l'allemand. Je leur offris quelque chose à boire, mais ils refusèrent. J'eus l'impression qu'ils hésitaient, ne sachant pas quelles conséquences il y aurait s'ils acceptaient mon offre. Je pris donc un crayon et une feuille de papier et commençai le cours.

Au départ, j'essayai de leur montrer l'alphabet allemand, ce qui est loin d'être facile lorsque la langue maternelle des apprenants est constituée de lettres ressemblant à des signes et non de caractères latins. Azfar comprit très vite. Il avait un avantage considérable par rapport aux autres, car il parlait déjà anglais. Les deux autres, Arfeen et Hosni, se contentaient de répéter les sons en hochant la tête. Je me rendis vite compte que Hosni ne prenait pas de notes. Bon, il essayait, mais il avait bien du mal. C'est à ce moment-là que Linda se joignit à nous. Je lui proposai d'emblée d'accorder une attention particulière à mon élève le plus faible, afin que je puisse continuer d'avancer avec les deux autres. Après tout, nous avions encore beaucoup de pain sur la planche.

Deux heures plus tard, le cours était terminé et j'avais l'impression d'avoir couru le marathon. C'était tellement intense ! Pendant ces 120 minutes, l'allemand nous avait unis et avait retenu toute notre attention, nous faisant oublier ce qui se passait autour de nous. Le temps avait filé à toute allure. Pour Azfar, Arfeen et Hosni, il s'agissait de leur premier vrai contact avec la langue allemande depuis qu'ils avaient atterri au centre d'accueil de Munich, après quoi ils avaient été conduits à un logement fixe quelque part en Bavière. Dans les camps, les réfugiés ne reçoivent que le strict nécessaire pour répondre aux besoins urgents à l'issue de leur grand voyage. Tout le reste ne vient que plus tard, lorsqu'ils auront trouvé un hébergement temporaire.

Après le cours, je restai parler avec Linda au sujet de Hosni. Le verdict était unanime : il ne pouvait ni lire ni écrire. Lui enseigner en même temps qu'Arfeen et Azfar ne donnerait rien. Comme Hosni avait besoin d'une attention particulière, je me renseignai auprès du Landratsamt [sous-préfecture] au sujet d'un cours d'alphabétisation. La sous-préfecture en donnait un, mais seulement pour les personnes de moins de 18 ans, ce qui n'était malheureusement pas le cas de Hosni ! Il ne pourrait recevoir un enseignement professionnel qu'une fois sa demande d'asile approuvée, ce qui pouvait prendre deux ou trois ans. Nous ne pouvions qu'espérer qu'il serait parmi les chanceux à pouvoir commencer une nouvelle vie en Allemagne. Mais d'ici là, c'est nous qui devions l'aider.

Lorsque le premier cours se termina, nous invitâmes les trois jeunes hommes à se présenter deux fois par semaine au cours, les mardis et les jeudis. Concernant Hosni, une solution se présenta assez vite. Je ne sais pas si c'est grâce à un bon réseau ou à un heureux hasard, mais Helena, dont la grande passion était d'enseigner la lecture aux enfants, nous tomba du ciel. Elle avait commencé une coopération avec l'école élémentaire de Poing dix ans auparavant : elle donnait de son temps pour aider les enfants en difficulté scolaire. En 2015, elle reçut même une médaille des mains du maire pour récompenser son engagement exceptionnel !

Pour notre équipe, Helena était une vraie perle, car elle possédait déjà dix ans d'expérience et savait comment enseigner aux enfants. Son expérience allait profiter à tous. Helena était un atout précieux pour l'équipe. Elle se dit prête à donner des cours à Hosni deux fois par semaine. Comme il ne savait pas lire, il avait développé sa propre méthode pour mémoriser facilement, ce qui allait lui être très utile pour apprendre le vocabulaire. Finalement, il apprit l'allemand plus vite qu'Azfar, pour qui il était plus simple de lire des mots plutôt que de s'en souvenir. Après six mois seulement, Hosni arrivait à avoir de courtes conversations en allemand, tandis qu'Arfeen et Azfar travaillaient encore sur le vocabulaire. De quoi le rendre très fier ! Il se noua rapidement d'amitié avec Helena, si bien qu'ils commencèrent à passer beaucoup de temps ensemble en dehors des cours. Je crois que cette relation contribua grandement à ce qu'il se sente accepté au sein de la commune. Il était ouvert et participait à de nombreux événements avec Helena, afin d'en apprendre plus sur le mode de vie allemand. Il voulait faire partie de la communauté, ce qui démontrait une attitude très positive.

La relation entre Helena et Hosni était spéciale, Arfeen et Azfar n'atteignirent jamais vraiment ce degré d'amitié de leur côté. Il faut dire que la situation était différente : deux professeurs leur enseignaient à tour de rôle, si bien que les élèves et les enseignants ne formèrent jamais une équipe soudée. Nous remarquâmes relativement vite qu'Arfeen et

Azfar étaient beaucoup moins motivés à apprendre une nouvelle langue. Parfois, ils ne se présentaient même pas au cours. Cette situation était très frustrante pour certains enseignants, qui prenaient de leur précieux temps pour les deux Pakistanais. D'autres ne se formalisaient pas de se retrouver face à une classe vide.

Nous décidâmes de donner les cours à un autre endroit, le café n'étant pas idéal pour l'apprentissage d'une langue. Trop de bruit et trop de distractions pour des jeunes hommes qui essayaient de se concentrer. Avec l'aide de la commune, nous emménageâmes dans des locaux du centre communal, juste au-dessus du café.

À table

À mes yeux, « nos » réfugiés étaient un trésor, une source de richesse pour la commune, et j'avais la ferme intention d'améliorer les échanges entre les habitants de longue date et les nouveaux venus. Évidemment, c'était fantastique d'enseigner l'allemand et de faire découvrir la culture allemande à nos jeunes hommes. Mais il était aussi important que la commune de Poing en apprenne plus sur le Pakistan, sa vie au quotidien et son identité culturelle, afin de dissiper les craintes qu'elle pouvait avoir.

Mais comment s'y prendre ? Par l'estomac, bien sûr ! La nourriture est toujours un merveilleux moyen de se familiariser avec une culture étrangère. J'eus donc l'idée de demander à nos réfugiés de cuisiner et de servir un repas au centre familial. Malheureusement, ce n'était pas possible, car il est compliqué d'obtenir l'autorisation de cuisiner et de vendre de la nourriture, à moins de posséder un restaurant. Une autre possibilité s'offrait toutefois à nous : nous pouvions offrir des cours de cuisine aux habitants de Poing ! Je fis part de mon idée aux trois Pakistanais et j'eus l'impression qu'ils étaient très heureux d'avoir enfin quelque chose à faire. De plus, ils parurent se réjouir à l'idée de faire découvrir un peu de culture de leur pays.

Ce n'était pas évident pour eux de rester assis dans leur nouveau domicile à longueur de journée. Ils avaient besoin d'une occupation, ils voulaient travailler, et non pas se contenter de regarder le temps passer jour après jour. [7]

Nous voulions donc offrir des cours de cuisine. Une semaine avant la tenue de l'événement, je leur demandai ce qu'ils voulaient préparer et ce dont ils avaient besoin. Azfar, qui s'ouvrait de plus en plus à notre communauté, me remit une liste avec les ingrédients requis : une grande quantité d'oignons, des tomates, des poivrons, du poulet, du riz basmati, de l'huile, du sel, du poivre, de l'ail et des épices, comme du curcuma, de la cardamome et du cari. Seul un petit groupe serait convié à notre premier rendez-vous culinaire : les membres du centre familial et du conseil d'administration. Nous invitâmes également Thomas Gerck, dans l'espoir qu'il écrive un petit article sur notre travail auprès des demandeurs d'asile.

Le jour J, nos trois invités du Pakistan arrivèrent l'air très serein. Azfar était un peu plus conservateur et mature que les deux autres. Peut-être était-ce parce qu'il était marié et père de deux garçons. Il venait d'un village appelé Sialkot, au nord-est du Pendjab, où la majorité des gens sont musulmans. Sialkot est un important centre industriel au Pakistan, connu pour l'exportation d'instruments médicaux et d'articles de sport. Azfar travaillait justement dans une entreprise qui

____

[7] La loi prévoit que les demandeurs d'asile peuvent chercher un travail en Allemagne neuf mois après leur arrivée. En novembre 2014, le temps d'attente fut réduit à trois mois.

fabriquait des instruments chirurgicaux. C'est là qu'il avait appris l'anglais, ayant souvent à traiter avec des clients de l'étranger. Mais même avec un travail, Azfar n'était pas à l'abri du danger. La corruption et les pots-de-vin sont monnaie courante au Pakistan, et dès que quelqu'un déroge aux « protocoles » convenus, il n'est plus en sécurité.

La femme et les enfants d'Azfar étaient restés à Sialkot et ne devaient le rejoindre en Allemagne que lorsqu'il aurait reçu une autorisation de séjour de longue durée. Ils vivaient donc toujours au Pakistan où ils suivaient la même routine jour après jour, sans père ni mari, ce dernier ayant pris toutes leurs économies pour leur offrir à tous une meilleure vie en Europe.

Les hommes entrèrent dans la cuisine et s'affairèrent sans plus tarder à la préparation du repas. Ils s'organisèrent plutôt vite. Chacun savait ce qu'il avait à faire. Il s'avéra rapidement qu'Azfar était celui qui avait le moins d'expérience en cuisine, alors il endossa le rôle de commentateur et nous expliqua ce qu'étaient en train de faire les deux autres. Arfeen et Hosni commencèrent à couper les oignons, les poivrons et les tomates en petits morceaux, et ce, d'une main habile et avec le plus grand soin. Dans la poêle, on fit revenir les oignons dans une énorme quantité d'huile et on les laissa rissoler à feu moyen pendant ce qui me sembla une éternité, probablement une bonne heure. Le processus fut en tout cas assez long ! Ensuite, on ajouta les tomates pendant que Hosni commençait à retirer la peau du poulet. Nous lui demandâmes pourquoi il faisait une telle chose, et les trois me regardèrent incrédules, les yeux écarquillés. « Êtes-vous fous !? Ça ne se mange pas ! Elle est impure ! » On aura appris quelque chose de nouveau !

POULET KORMA

<u>Ingrédients:</u>

750 g de blanc de poulet

250 g de tomates

2 poivrons longs rouges

5 oignons

½ gousse d'ail haché

± 1 c. à café de poivre

± 1 c. à café de curry

± 1 c. à café de paprika

2 clous de girofle

3-4 c. à soupe d'huile

Sel

<u>Préparation:</u>

- Éplucher les oignons, les couper en dés et les faire revenir dans l'huile jusqu'à ce qu'ils soient dorés (environ 20 min.)
- Laver les poivrons et les tomates, les couper en petits morceaux et les ajouter aux oignons, avec l'ail haché et les épices.
- Laisser le tout cuire pendant 20 min.
- Retirer la peau du poulet, couper la viande en gros morceaux, l'ajouter au reste et laisser cuire (environ 20-30 min.)
- Servir avec du pain 'roti' (pain pakistanais) et du riz basmati

Puis vinrent s'ajouter aux oignons et aux tomates toutes sortes d'épices et, pour finir, le poulet. On laissa cuire le tout à couvert encore une heure. Le poulet korma serait bientôt prêt ! Pendant ce temps, on préparait déjà le deuxième plat, un poulet biryani, un mets à base de riz, de poulet et de légumes. En tant qu'Européens, nous observions les jeunes hommes à l'œuvre et essayions de nous rappeler de chaque détail qui différenciait leur façon de cuisiner de la nôtre. En y repensant, ce qui m'impressionna le plus, ce fut la durée de cuisson des oignons. Ça fait vraiment une énorme différence au niveau du goût, ça vaut la peine d'attendre, les oignons en deviennent beaucoup plus tendres et savoureux.

Un dessert fut également préparé : un pudding au riz avec du lait et des raisins secs. Il aurait dû être consommé froid, mais le temps nous manquait, ce qui, en fin de compte, nous était bien égal. Il était succulent, même chaud !

Tout était prêt. Arfeen voulait encore préparer des 'rotis', une sorte de pain plat à base de farine de blé de la taille d'une crêpe. On le cuit aussi dans la poêle, mais sans huile. Enfin, la nourriture arriva et nous commençâmes à nous la partager. Les Pakistanais nous observaient attentivement pour voir si tout était à notre goût. Nous étions ravis ! Un large sourire s'affichait sur chacun des visages ! Le poulet korma fut servi avec le pain roti et se mangeait avec les mains. Ce fut un défi pour certains d'entre nous. Je ne m'en préoccupai pas, j'étais simplement heureuse d'être assise à cette table et je savourais pleinement ce délicieux repas. Ce fut l'un des meilleurs poulets korma que j'eus jamais mangés, et j'en ai goûté un bon nombre dans ma vie ! Une pensée me vint à l'esprit : ce moment était parfait ! Il s'agissait d'un merveilleux échange entre deux cultures, au cœur de Poing ! Le premier pas avait été franchi.

KHEER - RIZ AU LAIT

Ingrédients:

1 l de lait
± 6 c. à soupe de riz
2 c. à soupe de raisins secs
± 6 c. à soupe de sucre
2 c. à soupe de noix de coco râpée
3 c. à soupe d'amandes moulues
5 graines de cardamome ouvertes

Préparation:

- Porter le lait à ébullition, ajouter le riz, le sucre et la cardamome, puis laisser mijoter pendant 45 min.
- Ajouter les raisins secs, la noix de coco râpée, les amandes moulues, et laisser cuire pendant encore 15 min.
- Verser dans un bol, garnir de quelques raisins secs et réfrigérer jusqu'au moment de servir.

Bon appétit !

Le premier cours de cuisine était un véritable succès. Le mois suivant, nous répétâmes l'expérience. Les réfugiés nous servirent le même menu, mais cette fois-ci, la gestion du temps fut meilleure, si bien que nous n'eûmes pas besoin de nous dépêcher à la fin. J'avais mis une petite annonce dans le journal local pour inviter les citoyens de Poing à participer à notre cours de cuisine pakistanaise. Malheureusement, peu de personnes répondirent à l'appel. Je décidai donc d'inviter les participantes de mon groupe de yoga qui avait lieu le même jour dans le même bâtiment. Cela devint une tradition de cuisiner tous ensemble après notre cours de yoga.

II Fatima et Aziz

Chez Fatima

14 mars 2014. Il est midi. Je me trouve au numéro 32 de la Passauer Straße. La paroisse a mis la maison qui s'y trouve à la disposition des demandeurs d'asile. Je suis devant la porte. Je me racle la gorge, prends une profonde inspiration, regarde mon amie et appuie sur la sonnette. Rien. Alors que je m'apprête à sonner une deuxième fois, j'aperçois une ombre derrière la porte vitrée. Peu de temps après, la porte s'ouvre et laisse apparaître Aziz. Il nous fait signe d'entrer et s'exclame : « Bonjour ! Entrez, entrez ! Bienvenue ! »

Je lui tends la main droite et lui souris. « Salaam Halikoum ! », lui dis-je. Aziz est étonné, pose sa main droite sur son cœur et répond automatiquement : « Walikoum Saalam. Parles-tu arabe ? », me demande-t-il, curieux. Je dois malheureusement lui répondre par la négative, je ne parle pas arabe. Je ne peux dire que « bonjour » et peut-être quelques phrases. Dans tous les cas, je suis loin de le parler couramment ! Ça ne fait rien, il semble se réjouir de ces quelques mots qui lui sont familiers. J'ai souvent remarqué que ce genre de petits gestes contribue à créer rapidement une ambiance détendue, lors d'une première rencontre avec des inconnus.

Quelques semaines auparavant, le Landratsamt [sous-préfecture] m'avait informée que deux familles en provenance de Syrie allaient déménager à Poing. Il s'agissait de la famille Khaled, Fatima, Aziz et leurs trois enfants, et de la famille Juher, Amina, Hussein et leurs six enfants. Cela nous faisait treize nouveaux réfugiés à Poing. Le groupe devait donc se réorganiser. Pour l'instant, les cours d'allemand avaient lieu les mardis et les jeudis. Gerlinde, une bénévole très engagée, s'occupait avant tout du contact avec les écoles et les jardins d'enfants. Elle serait donc chargée de trouver une école à nos nouveaux enfants. Et c'était loin d'être facile.

J'avais déjà effectué quelques visites auprès des nouvelles familles au cours des semaines précédentes et leur avais parlé de notre travail et de la possibilité de venir apprendre l'allemand au centre familial. J'avais également sollicité l'aide de mon amie Aischa, qui parlait arabe et qui m'était très utile en tant que traductrice. Fatima nous invita alors à prendre le café chez elle.

J'entre dans la maison, suivie d'Aischa. Aischa vient du Maroc. Elle salue Aziz et échange quelques phrases avec lui, que je ne comprends pas. J'aurais souhaité être en mesure de comprendre, mais je n'en suis pas encore là. Aziz nous prie de passer à la cuisine. Mes yeux se mettent à pleurer, car la cuisine est complètement enfumée. Ils devaient bien y avoir fumé toute la matinée ! J'aurais voulu ouvrir une fenêtre, mais ça ne se fait évidemment pas, c'est contraire à la politesse. Je prends mon mal en patience en attendant de voir comment la situation évolue. Je ne sais pas exactement ce que je dois faire, et en jetant un coup d'œil à Aischa, je vois qu'elle ressent la même chose que moi.

« Asseyez-vous donc », dit Aziz en nous montrant la table de cuisine dans le coin. Au même moment, Fatima entre dans la pièce et, après nous avoir saluées, ouvre la fenêtre bien grand. Elle doit avoir lu dans nos pensées ! Une brise fraîche parvient jusqu'à nous. C'est le printemps en Bavière, et les journées sont encore bien fraîches. Je sens le vent contre mon visage et en profite pour prendre une grande inspiration, je fais entrer autant d'air que je le peux dans mes poumons. Quel soulagement ! Fatima s'approche de la table, essuie les traces de café du petit-déjeuner et vide le cendrier qui déborde de cigarettes. Puis, elle pose son regard sur moi et m'offre un grand sourire. J'aperçois un énorme trou du côté droit de sa bouche, il lui manque de toute évidence quelques dents. Fatima a l'air très heureuse que nous soyons là. Je lui tends le cadeau que je leur ai apporté, une boîte de chocolat. « Shoukran ! », s'exclame-t-elle dans sa langue maternelle, étant donné qu'elle ne parle pas allemand. Elle nous invite à prendre place. « Please ! »

Tandis que nous nous asseyons, Aziz disparaît et laisse Fatima à la préparation du repas. Une épaisse fumée se dégage déjà de la poêle. Avec précaution, Fatima pose deux cuillères à café de pâte à falafel dans l'huile bien chaude pour les faire frire. Ses falafels ont même une petite touche personnelle : avec son doigt, elle creuse un petit trou dans le milieu des boulettes de pois chiches avant de les cuire dans l'huile. Elle met la table : assiettes, houmous, olives et pain pita. Lorsque les falafels sont frits, Fatima les dépose un bref moment sur une feuille de papier essuie-tout pour absorber l'excès de gras. Une fois chose faite, ils atterrissent devant nous sur la table. Ils ont l'air succulent !

« Je vous en prie... ! », s'exclame Fatima en pointant les falafels pour nous signifier de commencer à manger. Elle retourne à la cuisinière pour faire frire le reste tandis que je me sers une boulette. Elle est très chaude. Je la trempe délicatement dans l'houmous et la mange en une bouchée. Waouh ! Je n'avais encore jamais mangé de houmous aussi crémeux ! Rien à voir avec le mien qui est toujours trop épais. De toute évidence, Fatima se réjouit de ma réaction positive.

Elle me sourit. « Prenez-en davantage ! », semble me dire son regard. Les olives aussi sont délicieuses. Aischa regarde la montagne de nourriture sur la table, puis se tourne vers moi. Son regard se veut interrogateur, comme si elle voulait me dire : « Comment allons-nous arriver à manger tout ça ? » Je suis consciente qu'elle doit partir dans une heure, mais je n'ai pas envie d'y penser pour l'instant. Tout ce que je veux, c'est rester assise ici et continuer à déguster les falafels et le houmous. Vraiment exquis !

Une fois toutes les boulettes frites, Fatima vient nous rejoindre à table. Plus tard, elle se lève pour mettre l'eau du thé à la menthe à chauffer. Lorsque le thé est prêt, elle ajoute tellement de morceaux de sucre qu'on pourrait en faire un sirop. Mais c'est aussi la raison pour laquelle le thé a si bon goût... Fatima nous sert du thé puis s'assied.

Tout à coup, alors que nous sommes assis à table, que nous buvons du thé et que nous mangeons des falafels et des olives, Fatima se met à parler. Je suis très curieuse de ce qu'elle a à raconter. Elle a 40 ans et elle est palestinienne née en Syrie. Elle est mariée à Aziz, également palestinien de Syrie. Ils ont fui leur terre natale en raison de la guerre civile, afin de garantir un meilleur avenir à leurs trois enfants. Ils sont arrivés en Allemagne au mois d'octobre 2013 au terme d'un voyage épuisant et chaotique, auquel les trois enfants ont heureusement aussi survécu. Aujourd'hui, ils sont tout simplement reconnaissants d'avoir un toit au-dessus de leur tête et quelque chose à manger dans leurs assiettes. Et de faire partie des chanceux ayant survécu à la guerre et trouvé refuge dans un pays européen. Désormais, elle veut se détendre, commencer un nouveau chapitre et attendre de voir ce que la vie leur réserve. Fatima comme Aziz semblent très heureux, ce jour-là. C'est peut-être la raison pour laquelle ils nous ont invitées à déjeuner... Pour partager avec nous cette joie d'un nouveau départ ! Même si elle ne peut effacer tout ce qu'ils ont dû endurer depuis le début de la guerre civile.

Fatima et le cours d'allemand

Peu de temps après leur arrivée à Poing, les familles Khaled et Juher commencèrent à venir aux cours d'allemand. Au début, c'était un peu difficile. Nous avions simplement indiqué l'adresse et l'heure des cours aux demandeurs d'asile, puis les avions attendus à l'endroit convenu. Il ne nous fallut pas beaucoup de temps pour nous apercevoir que cette façon de procéder n'était pas la bonne. Nous devions leur montrer où avait lieu le cours. Un jour, alors que nous attendions nos nouveaux élèves, je décidai d'aller les chercher en voiture. En arrivant chez eux, je vis que chacun vaquait à ses occupations. Ils me saluèrent très chaleureusement, comme les Arabes savent si bien le faire, et m'offrirent un café. Je leur coupai tout de suite la parole et leur demandai s'ils avaient l'intention de venir au cours d'allemand. Ah, ils avaient oublié. Je leur expliquai que j'étais venue ici pour les conduire au cours. Ils se précipitèrent tous dans la voiture. Sauf Fatima. Elle n'avait pas réussi à dormir la nuit dernière et était très fatiguée. Elle resta donc à la maison. Elle me promit toutefois de venir la fois suivante.

Nous arrivâmes avec 40 minutes de retard, mais au moins nous étions là. Comme nous avions beaucoup d'enseignants, nous pûmes offrir un cours individuel à chacun des réfugiés. Les premiers cours se déroulèrent sans problème. Les deux couples étaient déterminés à apprendre. Amina et Hussein étaient beaucoup plus avancés que les Khaled. Je pense qu'ils étaient en Allemagne depuis plus longtemps. Je pouvais avoir de bonnes discussions en allemand avec Hussein. Quant à

Amina, elle possédait un certain vocabulaire et arrivait à faire des phrases. Aziz, qui parlait anglais, était plus à l'aise dans cette langue et la préférait à l'allemand. Ce faisant, il progressait moins en allemand. À un moment donné, il décida de ne plus venir au cours du tout. Je n'apprendrais la raison que plus tard. Fatima ne pouvait pas parler allemand. Ses connaissances étaient simplement inexistantes. Elle devait partir de zéro. La première fois qu'elle vint, elle était accompagnée d'Aziz et de Tufiq, son petit dernier, qui pouvait s'amuser dans l'aire de jeux du jardin d'enfants pendant le cours. De mon côté, j'étais responsable de l'organisation et de la planification des cours, mais ce jour-là, j'enseignais également. Je me réjouis de voir Fatima et Aziz. J'enseignai donc à Fatima cette fois-là et je remarquai rapidement qu'elle ne maîtrisait pas l'alphabet latin. Elle ne savait parler, lire et écrire que l'arabe, et n'avait aucune connaissance de l'anglais ou de l'allemand. Je lui donnai un livre d'alphabétisation et lui montrai les lettres une à une, de même que du vocabulaire commençant par ces mêmes lettres. Au bout d'un moment, je vis qu'elle était dépassée. Je laissai l'alphabet de côté pour me concentrer sur les couleurs. Encore aujourd'hui, j'ai un souvenir très vif de ce moment, je me revois assise à côté d'elle, lui enseignant les couleurs. L'apprentissage fut très difficile pour Fatima. Elle se retrouvait subitement dans un nouvel univers, peuplé de nouvelles lettres, de nouveaux mots, bref, d'une nouvelle langue. La langue allemande a des sons qui n'existent pas en arabe, comme le « u ». Elle avait vraiment du mal, mais je pouvais voir qu'elle se concentrait et qu'elle essayait de toutes ses forces. Elle voulait apprendre. Je répétai sans relâche les couleurs, jusqu'à ce qu'il y ait un déclic. C'était un processus laborieux. En une heure, nous avions répété les couleurs sans doute plus de cinquante fois. Chaque fois qu'elle réussissait, je constatais à quel point elle était ravie, je voyais son visage s'illuminer et un large sourire apparaître. Elle était fière d'elle. Chaque nouveau mot était une victoire personnelle qui lui prouvait qu'elle était toujours bien vivante et encore capable d'apprendre, qu'elle tenait toujours le coup. En même temps, j'avais l'impression qu'elle replongeait en enfance et qu'elle redevenait une petite fille au milieu d'une salle de classe. Comme une écolière, elle répétait chaque mot, encore et encore. Ces quelques heures passées ensemble à apprendre l'allemand nous rapprochèrent beaucoup, contribuèrent à créer une espèce de complicité entre nous. Nous n'avions pas besoin de parler pour nous comprendre. Un seul regard suffisait parfois.

J'avais beaucoup d'affection pour Fatima. Elle était très attentionnée et généreuse, et elle était toujours présente pour les autres. Ce genre de personnes se fait rare. Une mère tendre et aimante, pourrait-on dire. Je ne fus donc pas étonnée lorsqu'Aziz me raconta qu'à Yarmouk tous les enfants du quartier l'aimaient et qu'ils préféraient souvent être chez elle plutôt que chez eux. Elle adorait prendre soin des autres. Elle était comme la Mère Teresa de Yarmouk.

C'est pourquoi j'eus de la peine à comprendre le feed-back négatif que je reçus d'Helena après son cours avec Fatima. Comme Fatima ne connaissait pas l'alphabet, nous avions décidé qu'Helena s'occuperait d'elle en même temps qu'Hosni. Le niveau des deux élèves était similaire à notre avis, d'où l'idée d'essayer de leur donner des cours en même temps. Helena avait l'impression que Fatima n'avait pas du tout envie d'être là, qu'elle ne voulait pas apprendre. Elle ne se concentrait pas et ne faisait pas attention pendant le cours. L'idée du trio ne fonctionnait pas, si bien qu'après quelques leçons, Fatima décida de ne plus se présenter au cours. Ce n'est que plus tard qu'elle nous raconta qu'elle n'était pas à l'aise de suivre un cours en compagnie d'un homme.

Yarmouk

J'eus le privilège de mieux apprendre à connaître la famille Khaled, et ses membres commencèrent à s'ouvrir à moi. Jour après jour, j'en apprenais davantage sur eux et leur vie en Syrie. C'étaient des Palestiniens qui venaient de Damas, plus précisément de Yarmouk. Au début, je ne savais pas que Yarmouk était un camp pour réfugiés palestiniens, situé au sud-ouest de Damas. Lorsque la famille parlait de Yarmouk, je m'imaginais un quartier de Damas parmi tant d'autres, dans lequel des Syriens vivaient aussi. Toutefois, lorsque, poussée par ma curiosité, je commençai à faire des recherches, je découvris que Yarmouk était un camp, bâti en 1957 afin d'accueillir près de 700 000 réfugiés palestiniens, contraints de partir après la guerre israélo-arabe de 1948, lorsque l'État israélien fut fondé. Les parents de Fatima et d'Aziz doivent avoir fait partie de ces palestiniens qui avaient cherché refuge au sein du gouvernorat de Quneitra, dans le sud du pays. Plus tard, en 1967, ils avaient fui à Damas. La même année, le gouvernorat de Quneitra fut annexé par l'Israël après la guerre dite des Six-Jours.

Sur le plan administratif, Yarmouk est une ville dans le district de Damas, mais en réalité il s'agit encore aujourd'hui d'un camp de réfugiés. Sur les panneaux de signalisation et les cartes, il est écrit « Mukhayyam al-Yarmouk », ce qui signifie « camp Yarmouk ». La situation de ce camp non officiel s'améliora au cours des années : les tentes disparurent pour laisser place à des rues et à des maisons de briques. Au fil du temps, le camp devint une zone résidentielle avec des hôpitaux, des écoles et des magasins, comptant des professionnels, tels que des médecins, des ingénieurs et des marchands. De plus, de nombreux programmes d'aide internationale – du Canada, des États-Unis, de l'Australie, des Pays-Bas et de l'Espagne – furent régulièrement offerts dans la région. Avant que la guerre civile n'éclate en Syrie en 2011, on dénombrait 160 000 habitants dans le camp de Yarmouk. En 2014, seulement 18 000 personnes y vivaient encore, et ce, dans des conditions de plus en plus horribles.

À l'époque où Aziz et Fatima y vivaient, les conditions de vie devaient avoir été très bonnes. Selon le portrait qu'ils m'en dressaient, la vie là-bas me semblait tout à fait normale. Aziz me raconta qu'il avait possédé sa propre entreprise, spécialisée dans la vente d'engins de la marque CATERPILLAR. Fatima, de son côté, avait un vaste réseau d'amis, pas seulement de religion musulmane, mais aussi d'autres religions. Elle me raconta qu'avant la guerre, la différence de religion n'était pas un problème. À leur manière de me parler de leur voisinage, j'avais d'abord pensé qu'ils avaient vécu parmi des Syriens de Damas et qu'ils avaient été intégrés dans le système du pays. J'avais tenu pour acquis qu'après 50 ans et trois générations à Damas, ils avaient été intégrés. Il me fallut un moment pour comprendre que Yarmouk était toujours resté un camp de réfugiés et qu'Aziz et Fatima y avaient vécu isolés, tenus à l'écart du train-train quotidien syrien.

Toute leur vie donc, ils avaient été des réfugiés, tout comme leurs parents avant eux, et tout comme leurs propres enfants. La génération d'Aziz et de Fatima, les enfants des premiers réfugiés palestiniens, est née en Syrie, mais dans un hôpital de Yarmouk, un camp de réfugiés. De même pour la génération suivante. Toute leur vie, ces gens avaient vécu en marge de la population syrienne, dans un monde parallèle, dans un camp de réfugiés, qui, peu importe les améliorations apportées, était et demeurait un camp.

Je me demande quelle sensation cela fait d'avoir été un réfugié toute sa vie, d'être né réfugié. Comment savoir où est sa place si l'endroit où l'on est né n'est pas réellement sa patrie ? À partir de quand arrête-t-on de se considérer comme un réfugié ? Quel changement doit-il se produire ? Est-ce qu'on arrête un jour de l'être ?

Dans le cas de la famille Khaled, l'histoire de leurs parents s'était répétée. Cinquante ans plus tard, Aziz et Fatima avaient suivi les traces de leurs parents : ils avaient quitté leur pays d'origine. Ils étaient partis pour l'Europe dans l'espoir de sauver leur vie. Je me demande si ce fut peut-être moins difficile pour eux de repartir à zéro que pour les familles syriennes qui habitaient depuis des générations au même endroit, dans la même maison. Les familles palestiniennes de Yarmouk, ont dû percevoir la « nouvelle » fuite un peu autrement, étant donné que leurs parents avaient aussi été des fugitifs. Elles connaissaient leur histoire, ou devaient du moins en avoir entendu parler.

Chaque fois que je rendais visite à Aziz et Fatima, j'en apprenais davantage au sujet de leur voyage. C'était surtout Aziz qui me contait leurs mésaventures, étant donné qu'il parlait anglais. Un matin, j'arrivai devant leur porte en même temps qu'Aziz, qui revenait de faire les courses. Nous nous assîmes tous à table et bûmes du café. J'étais contente qu'Aziz soit là, car il était alors plus facile de discuter. J'aimais aussi la compagnie de Fatima, par contre la communication entre nous était différente, elle se faisait plutôt de façon non verbale. J'appréciais ces moments passés ensemble à boire du café ou autre, à être simplement là avec eux. Il y avait parfois des silences, mais ça ne posait pas de problème. Nous ne ressentions pas le besoin de les rompre. Aziz et Fatima étaient des personnes très sympathiques et je pouvais voir qu'elles s'aimaient.

Au bout d'un moment, Aziz commença à décrire plus en détail leurs multiples tentatives pour fuir Damas, qui se soldaient chaque fois par un échec. La première fois, ils essayèrent de traverser la frontière turque, au nord du pays, mais ils se firent renvoyer en Syrie. Les camps en Turquie étaient bondés, et les chances de réussite pour se rendre en Europe par voie terrestre, faibles.

Ils tentèrent alors leur chance en passant par la Jordanie et le Liban. Ils réussirent à se rendre dans différents camps, mais chaque fois, le constat fut le même : la situation de ces camps était trop précaire et peu sûre. Ainsi, ils finissaient toujours par revenir à Yarmouk. Chaque fois, ils espéraient que les gouvernements jordanien ou libanais leur octroieraient une autorisation de séjour, mais cela n'arriva jamais. Au Liban, ils vécurent dans un camp à Baalbek, une ville située entre Damas et Beyrouth. Pendant un certain temps, ils crurent que la situation là-bas serait meilleure qu'en Syrie. Toutefois, le camp de Baalbek était lui aussi surpeuplé et ne constituait pas un endroit sûr en raison principalement des bombardements constants dans les environs.

Depuis 1948 déjà, le gouvernement du Liban se demande que faire de tous ces Palestiniens. Il les perçoit comme une menace à l'équilibre fragile entre les différents groupes religieux et ethniques du pays. C'est la raison pour laquelle il refuse de leur accorder des droits sociaux économiques fondamentaux. Ainsi, il les décourage de rester dans le pays. Le Liban avait déjà en l'an 2000 le taux de camps de Palestiniens le plus élevé au monde. Onze ans plus tard, lorsque la guerre civile éclata en Syrie, les camps de réfugiés du Liban, déjà bondés, risquaient de déborder en présence d'une nouvelle vague de Palestiniens en provenance de la Syrie.

La famille Khaled ne resta donc pas à Baalbek. Elle prit plutôt la décision de revenir encore une fois à Damas. Toujours la même histoire : un retour à Damas. Cette fois-ci, elle ne put revenir s'installer à Yarmouk, le camp étant assiégé. De plus, elle n'avait plus de maison. C'était au milieu de l'année 2013. Les combats avaient atteint Yarmouk en décembre 2012, soit un an après le début de la guerre civile, lorsque les rebelles décidèrent d'occuper le camp afin de renforcer leur position au sud et à l'est de Damas. Le gouvernement syrien répondit par des bombardements massifs qui détruisirent la majeure partie du camp et qui obligèrent des milliers d'habitants à fuir. Ces derniers cherchèrent refuge dans d'autres régions du pays ou dans les pays voisins. Tout comme les Khaled. Ce fut un long processus. Ils mirent des années à mettre le pied en Europe.

Un jour, alors que j'étais assise dans la cuisine avec Fatima et Aziz, j'eus l'occasion d'entendre la version d'Abdel sur le bombardement des zones rebelles. Abdel, le plus âgé des trois enfants, n'avait malheureusement aucune difficulté à se rappeler de l'attaque. Il se souvenait des avions survolant Yarmouk. Abdel avait une passion pour les avions et les observait très attentivement. Cette fois-là, il n'avait pas pu les identifier. Il s'était dit que c'était peut-être des avions américains. La population ne s'expliquait pas pourquoi ils avaient lâché leurs bombes au-dessus de cet endroit précis. Abdel se rappelait des bombes qui tombèrent très près de sa maison. Plus tard, il se rappela avoir vu des morceaux de corps. « Un doigt », dit-il. « Il y avait un doigt dans la rue. Je n'arrive pas à oublier ce doigt, je ne pouvais arrêter de le fixer. Peut-être était-ce le doigt de quelqu'un que je connaissais. Je ne le saurai jamais. Mon père ne voulait pas que je voie une telle chose. Il m'a ramené à la maison. » Sans avoir besoin de l'avis d'un professionnel, je pouvais voir que les trois enfants de Fatima avaient vécu un traumatisme. En revenant de l'école, ils s'amusaient avec des avions et des soldats la majeure partie du temps. Abdel disait toujours que lorsqu'il serait plus grand, il rentrerait chez lui, en Syrie, pour se battre pour son pays.

Je suis infiniment reconnaissante que mes enfants n'aient pas eu à vivre de telles choses.

Le voyage en bateau de l'Égypte

Après leur séjour au Liban, les Khaled décidèrent de se rendre en Égypte, leur prochaine tentative de quitter le pays. C'était très difficile de prendre les bonnes décisions en temps de guerre. Il leur était impossible de prévoir les conséquences de leurs actes. Ils ignoraient où et dans quel état ils allaient atterrir, mais ils tentèrent leur chance. Le 5 septembre 2013, Aziz, Fatima et leurs enfants, dans une dernière tentative pour fuir la Syrie, prirent un avion à Damas à destination d'Alexandrie, en Égypte. À ce moment-là, il ne leur était pas encore venu à l'idée de venir jusqu'en Europe.

Aussitôt sortis de l'avion, ils se virent plongés dans un nouveau monde. Même l'arabe était un peu différent. Aziz tenta de montrer à sa famille qu'il maîtrisait la situation. Il le devait. Il était responsable de la famille. Les mêmes pensées défilaient toujours dans sa tête : « Que faire maintenant ? Où aller ? Quelle est la prochaine étape ? » Pour Fatima et les enfants, c'était très étrange de se retrouver dans cet aéroport, entourés de tous ces inconnus qui les observaient. Ils avaient quitté Yarmouk, mais quelle serait la suite ? Où était maintenant leur « chez-soi » ? Réussiraient-ils un jour à en retrouver un ? Toute la famille était quelque peu dépassée par la situation. Les enfants étaient agités, Fatima était stressée et Aziz n'avait qu'une chose en tête : « Je dois trouver un endroit où nous pourrions rester. Un endroit où nous pourrions commencer une nouvelle vie. Un endroit où nous serions les bienvenus. Un endroit où nous pourrions respirer et nous sentir libres. Un endroit où ma famille serait en sécurité. »

Il n'eut pas le temps d'établir un plan d'action précis. Dès qu'il eut posé un pied à Alexandrie, il se vit entouré de nombreuses personnes qui lui posaient toutes les mêmes questions : « Êtes-vous Syriens, Palestiniens ? Où voulez-vous aller ? En Italie ? En Grèce ? Dites-moi, je peux vous aider. Je suis ici pour vous aider. »

Les passeurs. Ils étaient là. Ils trouvaient leurs clients directement à l'aéroport. Aux actualités, nous n'entendons parler que des passeurs qui se trouvent le long de la côte méditerranéenne. Leur travail commence toutefois à l'aéroport. Ils sont bien organisés. Ils repèrent les gens venant de Damas ou d'un autre endroit du Proche-Orient et proposent rapidement leurs « services » aux familles cherchant à se poser.

Le message est clair : « Nous pouvons vous aider à rejoindre l'Europe. Si vous atteignez l'Allemagne, le Danemark ou la Suède, vous recevrez de l'argent chaque mois et un hébergement gratuit. C'est une bonne solution pour vous et votre famille. »

Lorsque les clients potentiels sont d'accord, ils sont logés et nourris jusqu'à ce que le bateau soit prêt à les transporter de l'Égypte à l'Europe.

Aziz devait réfléchir vite. Encore une fois, il se retrouvait devant une décision qui aurait de grandes conséquences. Lorsqu'il essaya de me raconter l'histoire de l'aéroport, tant bien que mal avec son anglais précaire, il m'avoua la chose suivante : « Tu sais, je n'étais pas certain de ce que je devais faire. J'avais de l'argent, mais je ne connaissais rien de l'Égypte. C'est pourquoi j'ai eu le sentiment que la traversée en Europe avec l'aide des passeurs était la bonne décision.

Tout ce que je voulais, c'était trouver un endroit sûr où nous pourrions rester. »

Aziz n'était pas seulement accompagné de sa femme et de ses enfants. Il avait aussi emmené ses deux sœurs, son frère et leur famille respective. Il s'agissait d'une bonne affaire pour les passeurs. Au total, il y avait 20 personnes, dont huit adultes. Huit adultes équivalaient à 28 000 dollars US. Une vraie mine d'or.

Aziz accepta l'offre et, avec sa famille, suivit le passeur à son domicile, où ils reçurent à manger. C'était bien la moindre des choses, considérant l'énorme somme d'argent qu'il recevrait. Ils ne restèrent pas longtemps chez le passeur. Tout se passa très rapidement. Deux jours plus tard, ils étaient déjà au port, prêts pour le départ.

Départ de Damiette, à Alexandrie (Carte 1 et Carte 2, pages 195 et 196). Aziz s'en souvenait très bien :

C'est le jour J. C'est l'heure de partir. Nous roulons pendant un moment. Le temps semble suspendu. Nous nous sommes embarqués pour un long périple. Nous savons d'où nous sommes partis, mais nous ignorons où le voyage se terminera. Nous avons déjà essayé tellement de routes. J'espère seulement que cette fois-ci, ce sera la bonne. Pourvu que ça marche ! La voiture s'arrête. Tout le monde doit sortir. Nous nous rendons au bateau. Ça prend du temps. Quand nous en sommes proches, tout le monde semble accélérer le pas. Ce bateau peut-il vraiment accueillir 200 personnes ? C'est à notre tour de monter à bord. Nous suivons et imitons les gens devant nous. Le responsable nous dit où nous devons nous asseoir. Évidemment, il n'y a aucun siège ou autre chose du genre. Nous n'avons pas réservé une croisière. Nous sommes assis sur le pont, comme tous les autres. L'homme qui doit nous amener en Europe veut avoir nos passeports. « Je vous les rendrai lorsque nous serons arrivés en Italie. » Que pouvons-nous répondre à cela ? Nous devons suivre ses règles. Il est le patron. Par contre, si nous ne sommes pas d'accord avec ses règles, nous ne pouvons pas faire grand-chose. C'est lui qui est aux commandes et qui a le pouvoir de nous conduire en Europe. Ce n'est pas le bon moment de poser des questions ou de faire le difficile. Nous lui remettons donc nos passeports.

Je suis heureux d'avoir apporté autant d'eau. Si nous buvons avec modération, cela devrait suffire pour la majeure partie du voyage. Si nous avons de la chance, le voyage durera six jours, autrement ce sera huit longs jours pour atteindre l'Europe. L'Italie est notre destination. L'Italie est notre prochain arrêt. L'Italie est l'endroit où l'espoir renaît. Je ne peux plus regarder en arrière. Je dois aller de l'avant, pas à pas. Aujourd'hui, Alexandrie. Demain ? Qui sait ? In sha Allah…

J'ai payé 3 500 dollars US par personne au passeur et dois maintenant lui faire confiance. Je le dois. Je ne peux pas commencer à douter. Il incarne désormais ma dernière chance. Je n'ai pas d'autre choix. Espérons que tout se passe bien.

Le bateau a quitté Alexandrie sans problème. Je pense que chacun sait ce qui se passe, mais qu'on se ferme les yeux. Il s'agit d'une activité très lucrative pour ceux qui organisent ces traversées. Je suis certain qu'ils donnent des pots-de-vin à la police pour qu'elle ne leur mette pas des bâtons dans les roues. Je ne sais pas si je dois rire ou pleurer. Je ne sais vraiment pas. Je décide de respirer profondément. Mon corps me fait savoir qu'il en a besoin. Il a besoin de plus d'oxygène. Mon cerveau a besoin de beaucoup d'oxygène. Cela fait longtemps que je n'ai pas dormi. Je suis fatigué, mais je n'ose pas dormir. Je ne peux pas me permettre d'avoir une mauvaise surprise à mon réveil. Mes enfants peuvent dormir.

C'est mieux pour tout le monde s'ils dorment, mais les parents ne devraient pas. Ce serait trop dangereux. Je dois surveiller ma famille et m'occuper d'eux. Le bateau avance toujours. Ça doit faire deux heures, ou peut-être trois ou quatre. Je ne suis pas certain. Je n'arrive pas à estimer le temps avec précision. J'ai l'impression que cela fait une éternité que nous nous sommes embarqués pour un voyage sans fin à la destination incertaine.

Nous mangeons nos réserves de nourriture avec parcimonie, en toutes petites portions. Il doit y en avoir assez pour tout le voyage. Nous faisons aussi très attention avec l'eau. Mais ce n'est pas si facile. Il fait très chaud sur le bateau. Le soleil brille et il n'y a pas d'ombre. Ses rayons nous brûlent la peau. Que dois-je faire si les enfants ont soif ? Je ne peux pas tout simplement dire : « Attends encore un peu. » C'est la fin du premier jour.

Quelques heures après notre départ, les passagers ont, l'un après l'autre, mis leur fierté de côté et ont vidé leur vessie. Pour les hommes, c'est beaucoup plus facile, étant donné qu'ils peuvent uriner par-dessus bord. Pour les femmes, c'est plus difficile et plus dégradant. Pour les enfants, c'est un peu dangereux. Lorsqu'il faut vider notre cuvette, notre dignité en prend un coup de plus. Notre intimité est dévoilée à 200 personnes. On ne peut pas se retenir éternellement. Il n'y a pas d'autre choix. Les autres passagers évitent de regarder et font comme s'ils n'avaient rien vu. Mais il n'y a pas grand-chose à voir, rien d'autre qu'une étendue infinie d'eau bleue autour de nous. Nous nous sentons comme des animaux, nous ne pouvons pas nous laver non plus. Nous avons alors le sentiment de toucher le fond.

Les enfants dorment. C'est mieux pour eux. En dormant, ils dépensent moins d'énergie et nécessitent moins d'eau. La deuxième journée est terminée.

La troisième nuit, un homme s'est endormi et est tombé accidentellement par-dessus bord. Il était assis comme moi sur le pont et s'était appuyé sur le bord du bateau. Ce n'est que le jour suivant qu'on a remarqué son absence. Nous croyons du moins que c'est ce qui est arrivé. Nous ne sommes même pas certains. Mais il n'y a pas d'autre explication. Personne n'a entendu quoi que ce soit. Personne ne pouvait entendre quelque chose, le moteur étant si bruyant.

Lorsqu'Aziz me raconta cette partie de son voyage, je dus l'interrompre. « Mais comment est-ce possible que personne n'ait rien vu ? Es-tu certain que personne ne l'a poussé ? Je trouve cela très étrange. » Aziz était relativement sûr que l'homme n'avait pas été poussé. Il était tout à fait possible qu'il se soit endormi et qu'il soit tombé par-dessus bord, étant donné que les planches formant le bord du bateau étaient très basses. Un tel accident pouvait survenir rapidement. Mais ensuite ? Soit il ne savait pas nager et il s'est tout de suite noyé, soit il s'est réveillé dans l'eau froide et il a essayé de nager jusqu'à ce qu'il n'ait plus aucune force. Quelle mort tragique !

Quatrième jour : nous n'avons plus rien à manger depuis hier. Nous avons fini la dernière bouteille d'eau aujourd'hui. Combien de kilomètres encore avant d'atteindre la côte italienne ? Pourquoi le voyage est-il si long ? Pourquoi est-ce que personne n'en parle ou ne nous explique la situation ? Personne ne le sait. Tout le monde est silencieux, regarde au loin à l'horizon, prie en silence et espère que tout ira bien.

Je n'arrive pas à me rappeler le cinquième jour, mais je sais qu'au sixième jour nous avons atteint la côte. C'était surréaliste. Encore une fois, tout s'est passé très vite. Nous avons entendu le responsable crier : « Allez, sautez du bateau, en vitesse ! Vite ! » Nous n'avions même pas encore atteint la plage. Nous devions sauter dans l'eau et faire attention à ce que nos enfants ne se noient pas. Au même moment, le bateau a déguerpi aussi vite qu'il était venu avec à son bord nos passeports, nos identités. Puis, j'ai vu des lumières s'approcher. J'ai supposé que c'était la police. J'ai oublié les passeports et me suis concentré sur ma famille. Nous devions atteindre la plage.

Les passeurs

Le trafic d'êtres humains est une activité très lucrative. C'est la raison pour laquelle ce commerce révoltant est largement répandu tout autour de la Méditerranée, de la Turquie au Maroc. Les passeurs ont l'air d'hommes d'affaires très occupés, toujours en train de parler au téléphone et de rencontrer de nouvelles personnes, de nouveaux « clients », des personnes qui veulent se rendre en Europe en quête d'une vie meilleure.

Nos premières familles palestiniennes de Syrie arrivèrent en Allemagne entre la fin de l'année 2013 et le début de l'année 2014. Elles venaient d'Alexandrie, la deuxième plus grande ville d'Égypte et le carrefour du réseau de passeurs de la côte égyptienne. Un an plus tard, la majorité des migrants que nous accueillîmes à Poing disaient être arrivés d'Ajdabiya, en Libye. Je pensai que la « mode » avait dû changer et que les passeurs d'Égypte avaient cessé ou réduit leurs activités. Mais non, ce n'était que provisoire. En 2015, des dizaines de milliers de marchés furent conclus avec les passeurs en Égypte. La figure centrale à la tête du réseau de passeurs égyptien était Abu Hamada, un ingénieur civil de 62 ans originaire de Syrie ou de Palestine. En 2015, il avait gagné 2 300 000 dollars US en six mois.

Lors d'une entrevue accordée au Guardian, il déclara qu'il se considérait comme un homme tout à fait bon : « Si je gagne de l'argent en aidant mes compatriotes, quel est le problème ? Dans ce secteur d'activités, je suis le seul en qui les gens peuvent avoir confiance. »

Les hommes d'Abu Hamada organisent généralement deux traversées par semaine. Chaque bateau transporte en moyenne 200 passagers, ce qui correspond à un chiffre d'affaires d'environ 380 000 dollars US par traversée. Les revenus sont divisés comme suit : 180 000 dollars US pour le bateau, 70 000 dollars US pour le transport des migrants sur la mer, 30 000 dollars US pour l'hébergement avant le départ, 15 000 dollars US pour l'équipage et encore 15 000 dollars US pour les agents qui trouvent les migrants. À la fin, il reste de 45 000 à 50 000 dollars US par bateau pour Abu Hamada.

Normalement, les migrants remettent l'argent à un tiers en qui les deux parties ont confiance. Abu Hamada et ses hommes ne touchent l'argent que lorsque les passagers ont atteint l'Italie. Si le bateau coule ou accoste en Grèce, ils perdent l'argent, étant donné qu'il est difficile de rejoindre l'Europe centrale à partir de ce pays. Mais qui sont ces « tiers » suspects à qui les deux parties accordent leur confiance ?

L'implication des autorités égyptiennes est la garantie pour qu'un tel commerce fonctionne et fleurisse. Elles savent évidemment ce qui se passe, mais il vaut mieux, pour ne pas perdre la face, tout nier.[8]

Les traversées ne sont pas toujours couronnées de succès ; parfois, elles se terminent en tragédies. Comme en avril 2015, lorsqu'un bateau de pêcheur, dans lequel 700 migrants, dont 300 enfants, avaient pris place, chavira. Ou comme en

---

[8] http://www.theguardian.com/world/2015/jan/07/-sp-trading-souls-inside-world-people-smuggler

septembre 2014, lorsque les passeurs firent délibérément couler le bateau. Environ 500 personnes y trouvèrent la mort, dont de nombreux enfants, encore une fois. Tous ceux qui étaient sous le pont n'eurent aucune chance de s'en sortir et se noyèrent immédiatement. Une personne, prise de désespoir décida même de se pendre. Quelques survivants furent repêchés des jours plus tard un peu partout en mer. Sans eux, la vraie histoire n'aurait pas été découverte.

Selon l'Organisation internationale pour les migrations, plus de 1 750 migrants perdirent la vie en Méditerranée entre janvier et avril 2015, soit trente fois plus qu'au cours de la même période de l'année précédente.

Les réfugiés syriens ou palestiniens, qui ont payé une petite fortune pour cette traversée, ignorent à quel point ce voyage peut être dangereux. Ils s'en doutent un peu, bien sûr, mais ils sont animés par la pensée suivante : « Mieux vaut essayer que de rester ici. Si je reste ici, je vais mourir tôt ou tard. Quel est le moindre mal ? » Ils ont perdu tout ce qu'ils avaient. Tout ce qu'il leur reste, c'est leur espoir d'atteindre l'Europe. Prendre un avion de Damas à destination de l'Europe est pratiquement impossible, car quelle compagnie aérienne offre des vols de Damas vers des villes européennes ? La seule solution restante est le bateau. S'y rendre par la mer. C'est certes dangereux, mais quel autre choix ont-ils ? Ils ne peuvent pas revenir en arrière, ils ne peuvent pas rester en Égypte, où ils ne sont plus les bienvenus et où ils ne se verront pas accorder d'autorisation de séjour. Ils n'ont qu'une possibilité : aller de l'avant. Continuer leur périple vers l'Europe. L'Égypte n'est qu'une étape, la porte d'entrée d'une nouvelle vie certainement heureuse. Il s'agit aussi du début d'un long combat.

Catane – Munich

« Nous devions atteindre la plage. »

Ayant remarqué l'arrivée des réfugiés, la police italienne arriva à la rescousse. Les policiers apportèrent de la nourriture, des boissons et des soins médicaux. Tous les passagers du bateau furent ensuite dirigés vers un petit camp pour se reposer. Le voyage avait été très éprouvant, mais la majorité des gens avait survécu. Ils ne le savaient pas encore, mais ils se trouvaient à Catane, dans la partie est de la Sicile.

Normalement, les migrants doivent demander l'asile dans le premier pays où ils posent le pied. Le fameux règlement de Dublin. Dans le cas présent, c'était l'Italie. Beaucoup de demandeurs d'asile voulaient cependant poursuivre leur voyage vers le nord, pour atteindre l'Allemagne, le Danemark ou la Suède. Il était connu que les conditions de vie des demandeurs d'asile en Italie n'étaient pas faciles. En tant que principale porte d'entrée de l'Europe sur la côte méditerranéenne, l'Italie avait assisté à l'arrivée par bateau de près de 43 000 migrants (dont 11 300 Syriens) en 2013, puis environ 170 000 en 2014, et encore plus en 2015. L'Italie vit des milliers de demandeurs d'asile déferler sur son sol, et comme elle se trouvait déjà en pleine crise économique, elle ne put leur apporter aucune aide sociale. Le pays n'avait pas non plus les ressources pour enregistrer tous les migrants, examiner leurs demandes et les accepter en tant que réfugiés.

Les autorités italiennes trouvèrent une solution très simple à ce problème. Le soir, la police ouvrait les portes du camp et donnait la permission aux migrants d'en sortir et de quitter l'Italie afin d'être repérés par la police dans un autre pays européen. C'est ce qui se passa avec les Khaled, à qui on avait conseillé de traverser l'Allemagne pour se rendre en Scandinavie. Ils se firent arrêter par la police allemande dans un train venant d'Autriche, dans la région de Rosenheim. Après leur enregistrement, ils furent envoyés dans un camp de réfugiés à Munich.

Je demandai à Aziz pourquoi il avait choisi de se diriger vers le nord, lui qui ne connaissait ni la langue ni le système, et comment il avait réussi à atteindre l'Allemagne. Il me raconta qu'après avoir quitté le camp de réfugiés, il avait reçu de l'aide des membres de la mosquée de Catane. Sa famille et lui reçurent des conseils et, moyennant de l'argent, se virent offrir un transport organisé pour traverser l'Italie et l'Autriche. Seuls, ils auraient mis beaucoup plus de temps et ne se seraient peut-être jamais rendus aussi loin. De Catane, Aziz et sa famille durent changer trois fois de véhicule avant de franchir la frontière allemande. Chaque fois, ils durent payer 3 500 dollars US. Cela semble être le prix normal à payer pour chaque trajet effectué en tant que réfugié. En Syrie, Fatima et Aziz avaient eu de l'argent. Cet argent leur permit de payer les passeurs. Ils réussirent à se rendre en Allemagne, mais cela leur coûta leur fortune. Il ne leur restait même pas un centime pour acheter de la nourriture aux enfants, quand ils arrivèrent à Munich. Ils n'avaient plus rien.

À peine avaient-ils franchi la frontière austro-allemande qu'ils se firent arrêtés par la police allemande. Ils me racontèrent que les policiers avaient été très gentils. Lorsqu'ils se firent appréhender, les enfants furent pris de panique, mais les policiers les rassurèrent. Ils invitèrent les réfugiés au restaurant et leur donnèrent à manger. Ensuite, le groupe de migrants fut conduit au camp de réfugiés, où ils furent enregistrés et où leurs empreintes digitales furent prises. L'Allemagne était officiellement le premier pays européen où ils avaient mis le pied. Ils pouvaient maintenant faire une demande d'asile.

La querelle

Six mois plus tard.

Je pris mon vélo et me rendis chez Fatima. Aux alentours d'onze heures, je frappais à sa porte. Je savais qu'elle avait été à l'hôpital et je voulais savoir comment elle se portait.

Je frappai une seconde fois et attendis. Au rez-de-chaussée, quelques volets étaient encore fermés. Je me suis dit qu'ils devaient être encore en train de dormir, qu'il valait peut-être mieux que je les laisse tranquilles et que je repasse une autre fois.

Tandis que je me demandais si je devais frapper une dernière fois, la porte s'ouvrit. Abdel, le fils le plus âgé de Fatima, se trouvait dans l'embrasure de la porte et me regarda comme s'il voulait me signifier : « Qui êtes-vous ? Et que nous voulez-vous ? » Cela faisait longtemps que je ne l'avais pas revu, car il était toujours à l'école lorsque je rendais visite à sa mère. Je le regardai dans les yeux et lui parla, en allemand : « Je suis Carolina. Est-ce que Fatima est là ? » Il semblait être encore à moitié endormi. Il regarda alors par-dessus son épaule, dans le salon, et cria à sa mère qu'il y avait quelqu'un à la porte pour elle. Elle apparut et ne semblait pas bien aller du tout. Elle semblait avoir pris dix ans depuis la dernière fois que je lui avais rendu visite. Entre-temps, elle était allée chez le dentiste et s'était fait arracher toutes les dents du maxillaire supérieur. J'avais été mise au courant de cela mais, malgré tout, ce fut quand même un choc de voir ses joues creusées et sa bouche vide.

Fatima m'aperçut et son visage s'illumina immédiatement. Elle s'approcha de moi, me prit dans ses bras, m'embrassa sur la joue et se recula pour me dire : « Carolina, Carolina, habibi ! » Elle me serra encore une fois contre elle et nous restâmes un moment ainsi. Abdel nous regardait sans trop comprendre ce qui se passait. Il ne m'avait pas souvent vue. Il ne devait pas se souvenir de moi. Il se détendit cependant un peu lorsqu'il vit l'accueil chaleureux que m'avait réservé sa mère. Fatima prit ma main et m'emmena dans la cuisine. Je m'assis à table alors qu'elle disparut dans le salon, qui servait aussi de chambre à coucher. Probablement pour ranger un peu. Dès qu'elle eut fini, elle revint et me montra les yabraks, feuilles de vigne remplies d'agneau et de riz qu'elle avait préparés la veille. Il y en avait une casserole pleine. Je regardai Fatima avec de grands yeux et lui fit comprendre en joignant le geste à la parole que je ne pouvais pas rester. « Je voulais seulement voir comment tu allais. Je n'ai pas besoin de manger », lui expliquai-je. Fatima appela Abdel pour qu'il traduise ce qu'elle voulait dire. « Quand as-tu le temps ? Ce soir ? Viens ce soir, je cuisinerai pour toi et tes enfants. » J'étais justement libre le même après-midi. Je lui dis que je reviendrais avec mes enfants à 15 heures. Ma réponse eut l'air de lui faire plaisir. Elle essaya de m'expliquer en arabe qu'elle appellerait la sœur d'Aziz pour qu'elle l'aide à cuisiner. Elle habitait à Ottobrunn, un village dans les alentours, et pouvait se rendre facilement chez Fatima en train. Sans problème. Je la regardai et répondis simplement « D'accord ! », sans vraiment comprendre ce qu'elle me racontait. « Quel est le rapport avec moi ? », pensai-je.

Fatima resta dans la cuisine. Abdel me prit la main et m'emmena au salon. L'école n'avait pas encore commencé et il était heureux d'avoir de la visite. Tufiq et Youssef, les frères d'Abdel, étaient aussi dans le salon. Ils me regardèrent d'un air timide et gardèrent une certaine distance. Puis, Abdel se mit à me parler en allemand. Il était maintenant en Allemagne depuis presque un an, allait à l'école à Poing et se débrouillait déjà bien en allemand. « Je ne te connais pas très bien. Je crois que je t'ai déjà vue, il y a longtemps. » Je lui répondis que je venais normalement chez lui le matin, alors qu'il était à l'école. Je connaissais mieux Tufiq, car il était resté un bon moment à la maison avec sa mère au début, avant qu'il n'obtienne une place au jardin d'enfants. Il ne fallut pas beaucoup de temps pour que nous nous mettions à discuter comme si nous étions de vieilles connaissances. Dans un allemand un peu rudimentaire, Abdel m'expliqua que son père était actuellement absent. Il était à Dortmund, où vivait un des frères de Fatima.

Abdel parlait beaucoup. Il avait l'air de vouloir me parler en particulier de ce qui était arrivé à sa mère. Il faut dire aussi que c'était la raison principale de ma visite. Je voulais savoir ce qui s'était passé. La raison pour laquelle elle avait dû aller à l'hôpital. Je le laissai donc parler.

« Sais-tu ce qui s'est passé la semaine dernière ? Ma mère voulait nous emmener en haut pour que nous prenions une douche, vu qu'il n'y en a pas à cet étage. Une fois dans la salle de bain, les enfants de la famille Juher ont commencé à nous lancer des insultes à travers la porte. Lorsque nous avions presque terminé, ma mère a ouvert la porte et a dit aux enfants qu'elle les aimait bien, et qu'elle ne comprenait pas pourquoi ils nous disaient des choses aussi méchantes. Ma mère n'a pas eu le temps de finir sa phrase. Amina, la mère des autres enfants, arriva, accompagnée de sa fille de seize ans et vint se mêler à la discussion. Soudain elle commença à s'agiter d'un air menaçant. En peu de temps, elle perdit complètement tout contrôle. C'était comme si elle avait été piquée par un insecte venimeux qui l'avait rendue folle et incontrôlable. Elle s'est mise à crier après ma mère. Elle lui jeta une brosse à cheveux et lui donna des coups. Comme ma mère venait juste d'être opérée du dos, elle ne voulait pas tomber en arrière et s'est accrochée fermement à Amina, les faisant tomber toutes les deux au sol. Tandis que ma mère était par terre et n'arrivait pas à se relever seule, Amina se remit debout en un clin d'œil et lui donna des coups de pied dans le dos pendant que sa fille fit la même chose au niveau de sa tête. Mon frère et moi étions juste à côté, une serviette autour des hanches, à regarder la scène sans ne pouvoir rien faire. C'était si triste. Mon père était à l'étage d'en dessous et essayait de filmer l'incident. » Abdel prit son portable et me montra la vidéo en question. On pouvait entendre des cris, sans toutefois voir grand-chose de ce qui se passait. On voyait Fatima étendue au sol, mais pas qu'elle se faisait battre.

J'étais horrifiée. Ces enfants avaient déjà vu tant de violence et de cruauté dans leur pays, pourquoi fallait-il qu'ils continuent à vivre cela ici ?

Abdel poursuivit : « Sais-tu ce qu'elle a fait ensuite ? » J'acquiesçai. Je connaissais déjà cette partie de l'histoire. « Elle a poussé ma mère en bas de l'escalier », dit-il quand même. Il me regarda comme s'il essayait de lire mes pensées. Fatima était une petite femme de 1,56 mètre. Elle était aussi très légère. Ce n'était pas difficile pour Amina de la pousser.

« Je ne pouvais pas y croire », continua-t-il. « Mon père, mes frères et moi, sommes restés muets, nous ne pouvions plus dire un mot, nous observions la scène, bouche bée. Même si nous avions voulu dire quelque chose, aucun son ne serait sorti. Mes frères et moi avons commencé à pleurer. C'était la première fois que je voyais mon père pleurer. » Abdel voulut me donner plus de précisions à ce sujet : « Tu sais, nous sommes musulmans. Les hommes n'ont pas le droit de poser la main sur les femmes. Si Amina avait été un homme, mon père l'aurait empêchée de donner des coups à ma mère, mais comme c'est une femme, il ne pouvait même pas la toucher. Si son mari, Hussein, avait été là, la situation aurait été différente. Mon père lui aurait probablement fait du mal, il l'aurait peut-être même tué. »

Puis, il dit fièrement : « À la place de mon père, je l'aurais tuée. » En réalité, il n'avait pas utilisé le mot « tuer ». Il avait plutôt fait un geste éloquent.

C'est à ce moment-là que je me demandai si Abdel n'aurait pas besoin d'un soutien psychologique. Au cours de sa courte vie, il avait déjà vécu tellement de choses affreuses. Tant de moments horribles, tant de violence. Aujourd'hui, il n'était pas seulement traumatisé ; il cherchait à se venger.

Il me montra le reste de la vidéo. Fatima était couchée au sol, immobile et silencieuse, les bras tendus vers le ciel, implorant de l'aide. On voyait aussi Amina dans la vidéo. Elle avait descendu l'escalier et continuait, je présume, de donner des coups de pied à Fatima.

Je n'arrivais tout simplement pas à y croire. J'avais connu toutes ces personnes durant mon cours d'allemand. Elles avaient toutes l'air civilisé et gentil. Amina et Hussein étaient plus opportunistes. Ils essayaient toujours de tirer profit de chaque situation. Ils prenaient tout ce que les gens leur donnaient, sans vraiment se demander s'ils en avaient réellement besoin. Cela mis à part, ils avaient l'air d'être des personnes correctes.

Maintenant, je voyais une Amina impulsive et brutale, dont le seul objectif était de blesser Fatima. C'était de la haine pure. Mais pourquoi ? Était-ce de la haine ou de la jalousie ? Était-ce parce qu'elle n'avait pas la même opinion que Fatima par rapport à la politique de leur pays d'origine ?

Dans l'autre vidéo qu'Abdel me montra par la suite, on voyait la police arriver. Je ne sais pas qui l'appela. Tout ce que je sais, c'est que cette altercation entre deux femmes nécessita l'envoi d'une vingtaine de policiers.

Il fallait aussi bien entendu séparer les familles. La sous-préfecture (LRA) prit la décision de renvoyer les Juher à

Grafing, où ils avaient habité auparavant. Cette décision mit Hussein très en colère. Il voulait absolument rester à Poing, dans la maison de la Passauer Straße. Il essaya même de frapper une employée de la sous-préfecture (LRA) avec un morceau de béton. Heureusement, sa femme et sa sœur étaient intervenues pour l'en empêcher.

Jusqu'à maintenant, la famille Juher n'a toujours pas reçu d'autorisation de séjour. L'incident avec Fatima n'a sûrement pas augmenté ses chances d'en obtenir une. Cela démontra que la haine dans le cœur d'Amina était plus forte que sa volonté d'être admise en Allemagne.

Lorsque je m'entretins avec Aziz, le mari de Fatima, quelques jours plus tard, il me raconta qu'avant son arrivée à Poing, les employés de la sous-préfecture avaient activement recherché une famille prête à partager une maison avec la famille Juher. Tous ceux à qui on avait demandé refusèrent. Même la sœur d'Hussein ne voulait pas habiter avec les Juher. Elle supplia même l'employée de la sous-préfecture pour ne pas devoir vivre avec eux sous le même toit. Aziz et Fatima étaient les seuls à avoir accepté.

Le statut de réfugiés

Lors de ma visite suivante, Fatima me montra une lettre de la préfecture. Leur demande d'asile avait été approuvée, enfin ! Toute la famille avait longtemps attendu ce jour. Ils avaient eu de la chance : ils faisaient partie de ceux qui avaient obtenu rapidement le statut de réfugiés. Ils étaient donc tous très enthousiastes, heureux et soulagés. Ils savaient qu'ils pourraient désormais rester en Allemagne. Du moins pour trois ans.[9]

Fatima semblait beaucoup plus détendue. Elle avait l'air moins fatiguée et comme rajeunie. Elle voulait célébrer cet évènement avec moi. Elle prépara du café et m'offrit les pâtisseries qu'elle avait cuisinées. Abdel me montra son passeport bleu, un titre de voyage pour les réfugiés (en vertu de la Convention de 1951), et me dit, tout sourire : « Regarde, je suis Allemand, maintenant. »[10] Tout en haut du passeport, on pouvait lire en grosses lettres « BUNDESREPUBLIK DEUTSCHLAND ». Évidemment, Abdel n'était pas devenu Allemand, mais sa famille et lui bénéficiaient désormais de la protection de l'Allemagne. Ce document de voyage de couleur bleue, et non pas grenat comme le sont les passeports allemands habituels, permettait à chaque membre de la famille de voyager à l'intérieur et à l'extérieur du pays d'accueil sans aucun problème.

Reconnus comme réfugiés. Qu'est-ce que cela signifiait concrètement pour Fatima et Aziz ? Est-ce que leur vie s'en verrait transformée ? Désormais, ils n'étaient plus des demandeurs d'asile. La sous-préfecture (LRA) n'était donc plus l'autorité compétente. Cela signifiait également qu'ils ne recevraient plus d'argent de la sous-préfecture. Ils devaient maintenant s'inscrire au centre pour l'emploi local, tout comme les Allemands. En obtenant le statut de réfugiés, les Khaled obtenaient aussi de nouveaux droits, comme le titre de voyage et l'assurance maladie. Aziz et Fatima pouvaient

---

9 Après trois ans, une autorisation d'établissement à durée illimitée est émise en vertu du BAMF.

10 Ce titre de voyage tient lieu de passeport et est délivré aux réfugiés reconnus au titre de la Convention de Genève relative au statut de réfugiés (la base juridique est constituée par l'article 28 de cette Convention).

commencer à travailler sans devoir attendre l'autorisation d'une autorité compétente.

Autre changement fondamental : ils devaient quitter leur hébergement temporaire. La maison de la Passauer Straße appartenait à l'État et servait de logement pour les demandeurs d'asile, un statut que Fatima et Aziz n'avaient plus. Ils se lancèrent donc activement dans la recherche d'un appartement. À chaque visite, toute la famille était présente. Gerlinde, une bénévole active, offrit son aide dans leurs démarches. Chaque jour, elle lisait les annonces dans le journal, organisait les visites, négociait avec les propriétaires. Il fut extrêmement difficile de trouver un appartement près de Munich, d'autant plus que le budget était limité. De façon générale, la demande à Munich est supérieure à l'offre. Cela laisse beaucoup de choix aux propriétaires, qui optent alors souvent pour des locataires sans enfant et ayant un revenu élevé. Les chances sont plutôt minces pour les réfugiés. Les semaines passèrent. Ils n'essuyaient que des refus. Chaque jour qui passait amenuisait un peu plus l'espoir de la famille de trouver un logement.

Aziz s'était même rendu à Dortmund pour y visiter des maisons. Il avait pris conscience qu'il était impossible de trouver un appartement pour sa famille à Munich ou dans les environs. Dortmund était une bonne alternative, étant donné que les Khaled avaient de la famille là-bas et que le coût de la vie y était beaucoup moins élevé qu'à Munich. Ses tentatives furent là aussi sans succès.

Ce jour où je rendis visite à Fatima, je savais déjà que les membres de la famille avaient été reconnus comme réfugiés. C'était justement la raison pour laquelle j'étais venue les voir. Une employée de la sous-préfecture m'avait appelée pour m'informer que Fatima et Aziz étaient désormais autorisés à suivre le « cours d'intégration ». Ce cours, payé par l'État, a pour but de familiariser les immigrants avec la langue et la culture allemandes afin de favoriser une intégration sans heurt en Allemagne. Fatima devait commencer le cours début novembre. Comme elle ne pouvait lire et écrire qu'en arabe, elle devait d'abord apprendre l'alphabet latin si elle voulait pouvoir comprendre quelque chose au cours. Ce dernier était surtout conçu pour ceux qui savaient lire et écrire. C'est pourquoi cette même employée me demanda de lui donner des leçons privées avant le début du cours officiel. Hilda proposa de s'en charger, puisqu'elle n'habitait pas très loin de chez Fatima. Elles commencèrent dès le jour suivant.

Un jeudi, Hilda tomba malade. Elle ne pourrait pas donner le cours. Je profitai de l'occasion pour rendre visite à la famille.

Je sonnai. Cela prit un moment avant que la porte ne s'ouvrit. Cette fois, c'était Fatima. Elle était étonnée de me voir, agréablement surprise. Elle me prit dans ses bras et m'embrassa sur les deux joues avant de me conduire au salon. Sur le canapé s'entassaient des livres et des cahiers d'exercices. Elle était prête pour son cours d'allemand. Je lui expliquai qu'Hilda était malade et qu'elle ne pourrait donc pas venir, mais que j'étais là pour la remplacer. Elle resta silencieuse un moment, eut l'air de réfléchir, puis dit spontanément : « Cours d'allemand aujourd'hui, non, café, oui. » Elle m'invita dans la cuisine pour m'offrir du café. Aziz était sur le point de sortir de la maison. Il me lança : « Je dois partir, mais je reviens bientôt. Attends-moi. » « D'accord, maffiou mouchkilla (pas de problème) », lui répondis-je. Je me retrouvais encore une fois assise dans leur cuisine à boire du café arabe. Comme Aziz n'était pas là, il n'y avait personne pour traduire. Mais ce n'était pas un problème. Nous communiquions de différentes façons, avec les mots, les mains ou le regard. Et lorsque nous n'arrivions pas à nous comprendre, nous nous contentions de nous regarder et de sourire. Ce fut de très beaux moments pour moi, et j'ai le sentiment qu'il en fut de même pour Fatima.

Elle adorait recevoir de la visite, mais elle n'avait malheureusement pas autant de plaisir à apprendre l'allemand. Elle avait toujours une excuse : mal de dents, mal de tête, enfants malades... Son niveau d'allemand n'était pas assez bon pour le cours d'intégration, et aussi longtemps qu'elle resta à Poing, elle ne participa jamais à aucun cours d'intégration.

Aziz

J'aimais beaucoup me rendre chez les Khaled pour leur dire bonjour. Je savais que je pouvais arriver à n'importe quel moment, sans prévenir et sans avoir été invitée, chose qui n'est plus monnaie courante chez les Occidentaux. Fatima, au contraire, adorait les visites surprises.

Je passais par contre le plus clair de mon temps avec Aziz. Il avait toujours quelque chose d'intéressant à raconter et je crois qu'il avait parfois simplement besoin d'une oreille attentive. Un jour, il m'informa que sa situation le déprimait de plus en plus. Sa famille et lui pouvaient désormais rester en Allemagne et emménager dans un logement normal. Or, une habitation semblait impossible à trouver. Je lui expliquai que c'était un problème récurrent à Munich et dans les alentours. Il n'y avait pas assez de logements pour la demande. Moi aussi, j'avais eu des difficultés à trouver une maison. Même en effectuant des recherches régulièrement, il fallait en général près de deux ans pour y parvenir.

Aziz me demanda alors combien d'argent il devait gagner pour pouvoir vivre à Munich sans recevoir de soutien de l'État. Après un bref calcul, j'estimai la somme à environ 3 000 euros nets par mois. Mais comment trouver un travail qui lui rapporterait un tel salaire ? Il avait quelques difficultés avec l'allemand et son anglais n'était pas excellent non plus. Que pouvait-il faire ? Où pouvait-il travailler ?

Aziz poursuivit : « Caroline (il ne m'appelait jamais Carolina), à Damas, j'ai commencé à travailler lorsque j'avais huit ans. À cet âge, je rapportais déjà de l'argent à la maison, que je donnais à mon père. Il ne restait jamais rien pour moi. Je réparais alors des bicyclettes endommagées et les vendais à des magasins de vélos. J'ai ensuite vendu des biscuits. Après, je suis devenu manager de ma propre entreprise, qui vendait des véhicules CATERPILLAR. C'était pour moi un jeu d'enfants que de réparer une excavatrice. Ça ne me faisait pas peur. J'adorais réparer des choses. Je suis quelqu'un qui aime travailler. À Damas, je soutenais financièrement ma famille, mes amis et mes connaissances qui en avaient besoin. Maintenant, je suis en Allemagne et j'ai l'impression que je ne peux plus aider personne. Je ne peux même pas m'aider moi-même. Ce n'est pas évident de demander de l'aide lorsqu'on n'en a jamais eu besoin. » Il était en Allemagne depuis maintenant près d'un an et n'avait pas encore eu l'occasion de se vider le cœur ainsi auprès de quelqu'un. Il avait bien sûr sa femme, mais il est parfois plus facile de parler de ses angoisses à une personne externe à la situation. Je l'écoutai simplement et lui dis que nous étions là pour l'aider. Il devait dans tous les cas commencer à travailler. Peut-être y avait-il quelque chose à faire au centre familial ? Il pourrait par exemple offrir ses services de réparation une fois par semaine. Ou encore, nous pourrions commencer par un « café réparation ». C'était une bonne idée.

C'était si triste de voir qu'Aziz avait perdu tout espoir. À son arrivée à Poing, il était un homme très sympathique, toujours souriant et plein d'esprit. Cette joie contagieuse s'était dissipée avec le temps. Tout ce qu'il voulait, c'était être à nouveau indépendant, financièrement et émotionnellement. De retrouver la personne qu'il avait été presque toute sa vie. Aujourd'hui, il devait mettre sa fierté de côté et accepter l'aide de quelqu'un.

Nous changeâmes de sujet. Il me raconta que ses autres sœurs avaient elles aussi réussi à traverser la Méditerranée et à se rendre en Europe. Elles avaient vécu exactement la même chose qu'Aziz et sa famille il y a plus d'un an. Le voyage fut très éprouvant pour chacune d'elles. Dès qu'Aziz apprit que ses sœurs et leur famille étaient arrivées à Lampedusa, il prit un train pour l'Italie afin de les aider pour la dernière partie du voyage. L'une des sœurs voulait s'installer aux Pays-Bas, l'autre en Allemagne. C'est là qu'il me raconta un petit incident qui s'était passé dans le train sur le chemin du retour : alors qu'il était assis comme les autres passagers, il aperçut la police allemande qui fouillait le train. Elle cherchait des réfugiés qui arrivaient illégalement de l'Italie et qui passaient par l'Autriche pour se rendre au Danemark ou en Suède. Souvent, leur voyage se terminait en Allemagne, surtout lorsqu'ils prenaient ce trajet. Aziz me demanda : « Pourquoi est-ce que la police allemande nous arrête ? Pourquoi ne nous laisse-t-elle pas traverser l'Allemagne pour nous rendre au Danemark ? » Je ne pus pas lui donner de réponse concrète. Je savais seulement que les migrants, dès leur arrestation en Allemagne, devaient demander l'asile dans ce pays.

Lorsque les policiers virent Aziz, l'un d'eux s'exclama : « Oh, regarde, en voilà un. Allons lui demander ses papiers. » Ils se dirigèrent vers lui et exigèrent de voir son passeport. Ils étaient certains qu'il s'agissait d'un réfugié illégal. Aziz, de son côté, n'était pas particulièrement inquiet, étant donné qu'il avait ses papiers sur lui. Lorsqu'il montra son titre de voyage allemand pour réfugiés, les policiers s'excusèrent tout de suite et le laissèrent en paix. Il n'était ni un réfugié illégal, ni un demandeur d'asile. Il détenait une autorisation de séjour. La situation le fit sourire. Il constatait maintenant tout le chemin qu'il avait parcouru : il avait désormais un toit et un passeport allemand. Il était libre de voyager.

Notre conversation fut interrompue par la sonnerie de son portable. Après avoir raccroché, Aziz m'expliqua qu'il venait de parler à un ami de Berlin dont la mère était Allemande et le père Palestinien. Il travaillait à la Mission de Palestine à Berlin, c'est-à-dire la représentation diplomatique du territoire palestinien.[11] Cet ami allait l'aider avec sa maison. « Quelle maison ? », lui demandai-je surprise. Aziz commença à m'expliquer qu'il avait une maison dans la partie est de Jérusalem. Sa mère avait quitté cette maison lorsqu'elle était partie pour la Syrie et, à sa mort, Aziz et ses frères et sœurs en avaient hérité. En ce moment, elle était occupée par des Arabes. Alors qu'il vivait en Syrie, Aziz percevait un loyer mensuel de Jérusalem, mais depuis le début de la guerre civile en Syrie, il ne recevait plus aucun paiement. Aziz demanda à la famille arabe si elle voulait acheter la maison, mais elle n'était pas intéressée. Il est toujours difficile pour les Palestiniens d'acheter un terrain à Jérusalem, car le gouvernement israélien peut le leur confisquer du jour au lendemain. Selon Aziz, le gouvernement s'était d'ailleurs déjà approprié une partie de son terrain pour le convertir en parking.

Maintenant qu'Aziz vivait en Allemagne et qu'il avait besoin de l'aide sociale allemande, il devenait intéressant pour

---

lui de vendre la maison. Cela lui rendrait la vie plus facile et plus agréable. Il pourrait ainsi commencer une nouvelle vie en Allemagne sans dépendre du gouvernement allemand. Malheureusement, ce n'était pas simple de vendre une maison à Jérusalem, surtout en tant que Palestinien. Je ne suis pas certaine d'où il connaissait le Palestinien de Berlin, mais cela lui donnait du moins de l'espoir. « Et combien vaut la propriété ? », lui demandai-je. « De sept à huit millions », me répondit-il. « Waouh », pensai-je. C'était une somme incroyable ! « Sept millions d'euros ? », poursuivis-je. « Oui », dit-il.

Je lui demandai s'il avait les papiers de la maison. « Bien sûr, Caroline. Je les ai apportés de Syrie », m'expliqua-t-il. « Veux-tu les voir ? », continua-t-il. « Avec plaisir », dis-je, curieuse. Il alla chercher une grande enveloppe marron qui contenait une tonne de papiers, la plupart en écriture arabe. Je jetai un coup d'œil au plan et à beaucoup d'autres documents. Il me raconta : « C'est tout ce dont tu as besoin pour vendre une maison. » Je hochai la tête, mais ma curiosité me poussa à poser d'autres questions : « Comment as-tu réussi à les apporter ici ? Tu n'avais même pas une valise ? » Il pointa son torse et me répondit : « Je les ai cachés sur mon corps en les collant avec du ruban adhésif. C'est bien parce que c'est étanche. » Aziz avait vraiment réussi à garder tous ses papiers durant la totalité de son périple. Les documents étaient restés intacts.

Je lui demandai ensuite comment sa famille et lui avaient gardé leur argent en lieu sûr. « C'est Fatima qui avait l'argent, elle le cachait sous sa robe. » Je le regardai sans savoir que dire. J'essayai de m'imaginer tout ce qu'ils avaient vécu durant ce voyage, mais peu importe le nombre de fois où ils m'en brossèrent le tableau, je n'y parvenais pas. C'était le genre de péripéties qu'on ne peut pas vraiment comprendre si on n'en a pas fait l'expérience soi-même. Quelle chance nous avions, quand même ! Tout à coup, tous mes problèmes me semblèrent bien ridicules.

Il se remit à parler de sa maison : « Il y a des acheteurs potentiels. Des gens de Jordanie et d'Égypte. Mais j'ai un mauvais pressentiment au sujet de la procédure de vente. Maintenant, tu sais pourquoi je ne viens pas au cours d'allemand. Je dois réfléchir à la façon de résoudre ce problème. Je n'arrive plus à dormir la nuit. Je ne sais pas comment parvenir à une solution. Je pense peut-être me rendre en Égypte pour la vendre moi-même. »

Il avait trouvé un acquéreur en Égypte, mais pour des raisons administratives, il devait s'y rendre en personne. L'idée de conclure un marché en Égypte me parut très dangereuse, car l'acheteur paierait en espèces. Où allait-il mettre tout cet argent ? Pouvait-il faire confiance aux banques en Égypte ? Pouvait-il envoyer l'argent en Allemagne par virement bancaire ? Je savais qu'il ne pourrait pas tout simplement entrer en Allemagne avec huit millions d'euros en argent liquide. Ou s'il le pouvait, il devrait le déclarer à la douane.

Il s'inquiétait pour sa famille. Il sentait qu'il devait les amener en lieu sûr avant de partir pour l'Égypte. Au cas où quelque chose lui arriverait. Ou qu'il arriverait quelque chose à sa famille pendant son absence. Il faut dire que ce n'était pas un particulier qui voulait acheter sa maison, mais une organisation. Il n'avait pas posé beaucoup de questions, mais il avait l'impression qu'il serait risqué de faire des affaires avec elle. Aziz voulait tout simplement se débarrasser de la maison. Il avait besoin de l'argent, et l'acheteur en soi lui était bien égal.

Évidemment, il n'arrivait pas à se concentrer sur l'apprentissage de l'allemand et la recherche d'emploi en ce moment. Son objectif était de trouver un moyen légal de vendre sa maison et de rapporter l'argent en Allemagne. En fait, il y travaillait depuis son arrivée en Allemagne. Il sentait maintenant qu'il était enfin près d'une solution.

L'autre possibilité était que le vendeur vienne en Allemagne et que la vente ait lieu à l'ambassade israélienne. Toutefois, en choisissant cette option, Aziz perdrait trois millions d'euros. Je dis à Aziz qu'il valait peut-être mieux ne recevoir que quatre millions et rester en vie que d'aller chercher sept millions et finir avec une balle dans la tête. Son ami à Berlin pouvait organiser le marché. En plus, il connaissait la maison et l'acheteur. En contrepartie, il exigeait des frais d'administration de 100 000 euros. Il pouvait conclure le marché dans deux semaines. Aziz attendait une réponse. J'ai l'impression que tout ce qu'Aziz m'avait raconté était très approximatif et incertain. Des jours et des semaines passèrent sans que rien ne se produise. Les plans changeaient sans arrêt. Je pouvais voir à quel point c'était frustrant pour Aziz et sa famille.

Des semaines plus tard, j'appris qu'il y avait désormais des acheteurs potentiels de Jérusalem et de Jordanie. La maison était toujours évaluée à une somme comprise entre sept et huit millions d'euros. C'était le contact à Berlin qui s'occupait du marché. Cette fois-ci, ce devait être un paiement en espèces. Cependant, aucun plan précis n'avait été fixé. Aziz devait attendre encore des mois avant que la paperasse soit remplie et que le marché puisse être conclu. La maison étant vieille, les papiers devaient être renouvelés. Malgré tout, Aziz semblait beaucoup plus détendu et portait un regard plus positif sur cette affaire.

Je lui demandai ce qu'il avait l'intention de faire avec l'argent, une fois qu'il serait en Allemagne. Il ne garderait pas tout pour lui : il le partagerait avec ses frères et sœurs et en donnerait une partie à l'intermédiaire de Berlin. Ensuite, il achèterait une maison pour sa famille et lui et fonderait une nouvelle entreprise. Peut-être dans le secteur de la construction. Malheureusement, les Khaled quittèrent Poing peu de temps après et je ne sus jamais la fin de leur histoire.

III Changements à Poing

De nouvelles familles dans la Passauer Straße

Deux nouvelles familles vinrent s'installer dans les pièces vides de la famille Juher sur la Passauer Straße : les Haddad de Syrie, et Nahom, Mariam et leur petite fille de sept ans, Yohanna, d'Érythrée.

Je fis leur connaissance une fin d'après-midi, lorsque je rendais visite à Fatima avec mes enfants. Mes enfants aimaient bien aller chez Fatima, parce qu'elle leur préparait toujours quelque chose de délicieux. Aujourd'hui, il y avait des pains pita et du nutella au menu. De plus, ils aimaient jouer avec les fils de Fatima. Xavier, mon grand garçon de six ans, appréciait particulièrement Abdel, étant donné qu'il était plus âgé et qu'il avait un comportement très protecteur à son égard. Xavier aimait rester à ses côtés. Il lui faisait confiance et le respectait.

À ma grande surprise, les Khaled n'étaient pas seuls, ce soir-là. Au salon étaient aussi assis Nasser et Nahom, les pères des deux nouvelles familles.

Nahom et sa famille occupaient une pièce du premier étage, tandis que la famille syrienne comptant huit enfants s'était installée dans les deux chambres vides à côté. Tous se partageaient la salle de bain au premier étage et la cuisine au rez-de-chaussée. Ce soir-là, je ne vis ni Mariam ni Abir. Les deux femmes étaient restées dans leur chambre avec les enfants.

J'aimais le côté chaleureux de Fatima et le fait qu'elle partage toujours ce qu'elle avait avec les autres. Cette soirée-là, alors que nous discutions ensemble dans le salon, qui la nuit se transformait en chambre à coucher de Fatima et d'Aziz, Fatima nous prépara quelque chose à manger. C'était très agréable d'être assis et de parler ensemble. Comme les nouveaux locataires voyaient que je m'entendais bien avec Fatima et Aziz, ils s'ouvrirent très vite à moi. J'étais heureuse de pouvoir discuter aussi librement.

Lors de ma visite suivante, je fis la connaissance d'Abir. Abir avait huit enfants : deux garçons et six filles, âgés de six mois à douze ans. Lorsque Fatima et moi montâmes à l'étage pour l'inviter à prendre le café avec nous, elle était assise avec tous les enfants sur un lit. En nous voyant, elle sourit et dit : « Bonjour ! » Je la regardai et lui répondis : « Salaam Halikoum ! » Comme elle était un peu timide, j'étais très contente que Fatima soit là pour continuer la conversation en arabe. Fatima lui expliqua que j'étais responsable des cours d'allemand à Poing et que je serais heureuse de l'aider à apprendre la langue allemande. Elle hocha la tête et je fis de même. Lorsqu'il y a une barrière de la langue, on a souvent tendance à sourire et à hocher la tête, et c'est ce que nous fîmes. Elle descendit au rez-de-chaussée avec les enfants et nous bûmes du café ensemble pendant que les enfants mangeaient des biscuits au chocolat. Je ne savais pas parler arabe et Abir n'avait pas de connaissances en allemand. Nous essayâmes tout de même de nous entretenir avec les quelques mots d'allemand et d'anglais que connaissait Fatima. Elle était fière d'avoir le rôle d'interprète. Elle semblait toujours comprendre ce que je disais. Abir nous raconta qu'elle avait 27 ans et qu'elle venait de Deir ez-Zor. Cette ville se situe dans l'est de la Syrie et est sous le contrôle de l'État islamique depuis 2014. Je n'allais apprendre toute l'histoire de sa fuite que plus tard.

Maintenant, Nasser et Abir vivaient à Poing avec leurs huit enfants et attendaient que leur demande d'asile soit traitée. Contrairement aux demandeurs d'asile venant d'autres pays, les chances d'obtenir un droit de résidence pour les Syriens sont près de 100 pour cent. Du moins, pour une période limitée de trois ans.

Parfois, lorsque je passais à la maison de la Passauer Straße et que je regardais les enfants, je pensais aux autres enfants réfugiés, à ceux qui ne sont pas accompagnés et qui font le voyage tout seuls parce qu'ils ont perdu leurs parents avant ou pendant la fuite. À Poing aussi, nous avions quelques mineurs non accompagnés.

Selon « Missing Children Europe », une organisation qui s'occupe des réfugiés mineurs non accompagnés, 12 730 demandes d'asile pour des enfants non accompagnés ont été déposées au sein de l'UE en 2013, dont 1 095 pour des enfants de moins de quatorze ans. Bon nombre d'entre eux ont perdu la maison familiale ou ont fui la violence ou la pauvreté. Souvent, ils commencent leur périple avec leur famille ou leurs frères et sœurs, mais ils en sont parfois délibérément séparés par les passeurs. Seuls, ils deviennent une proie encore plus facile pour les trafiquants d'êtres humains.

Jusqu'à 50 pour cent des mineurs qui sont placés dans des centres européens de premier accueil disparaissent au cours des 48 premières heures. Certains d'entre eux ont déjà leur propre plan et décident de fuguer, de peur d'être renvoyés dans leur pays d'origine. D'autres sont kidnappés et contraints de prendre de la drogue et de se prostituer, ou sont vendus pour leurs organes, faisant d'eux des esclaves des temps modernes.

Comme les autorités n'ont presque pas de renseignements sur leur famille et leur histoire, bon nombre de ces enfants ne sont jamais retrouvés.

En février 2016, le Bundeskriminalamt (Office fédéral allemand de la police judiciaire) a fait savoir que 4 718 réfugiés mineurs non accompagnés en Allemagne avaient simplement disparus. Le président du Conseil central des Musulmans en Allemagne, Aiman Mazyek, a de nouveau mis en garde contre les trafiquants d'organes et les réseaux de prostitution, qui exploitent sans vergogne ces enfants pour leurs profits personnels.

À Poing aussi, il y a des mineurs non accompagnés. En tant que bénévoles, nous ne les rencontrons pas, car ils sont pris en charge par des travailleurs sociaux professionnels. Parfois, lorsque je pense à eux, je ne peux m'empêcher de penser à tous ces autres enfants qui sont venus en Europe seuls et qui n'ont jamais réussi ou ne réussiront jamais à commencer une nouvelle vie. Ils ne sauront jamais ce que cela fait d'être libre, d'aller à l'école ou d'avoir des amis, parce que le destin en a décidé autrement. C'est comme jouer à la loterie : certains ont de la chance, d'autres pas.

Fatima changea subtilement de sujet. Elle avait quelque chose à nous raconter. Elle avait l'air plus heureuse que d'habitude. Elle nous informa qu'elle irait rendre visite à sa sœur à Hambourg le week-end à venir. Sa sœur était en Allemagne depuis déjà trois ans, soit depuis le début de la guerre en Syrie, et Fatima ne l'avait pas revue depuis qu'elle avait quitté Yarmouk. Elle pouvait à peine contenir sa joie, elle allait revoir de nombreux membres de sa famille. Ils viendraient du Danemark, de Norvège et d'autres régions de l'Allemagne pour se retrouver à Hambourg. L'école en avait été informée, et les enfants auraient congé pendant quelques jours. Ce serait une grande réunion de famille pour fêter l'eucharistie musulmane, l'Aïd al-Adha, la deuxième plus importante fête religieuse de l'année. On commémore Ibrahim (Abraham) qui, pour prouver sa dévotion à Dieu, sacrifia son fils Ismaël (Isaac). Aujourd'hui, on sacrifie une vache ou un mouton pour l'occasion. On divise ensuite la viande en trois parts : une première pour celui qui a accompli le sacrifice, une deuxième pour sa famille et ses amis et une troisième pour les pauvres et les personnes dans le besoin.

Un an plus tard, une dame musulmane de Poing me contacta justement à cet effet. Elle voulait offrir à nos demandeurs d'asile 30 kilos d'agneau à l'occasion de l'Aïd al-Adha. Connaissant déjà cette tradition, je ne fus pas surprise de son offre.

Avant de quitter la maison, je me rappelai les tasses que j'avais apportées pour les trois familles. J'avais tellement de tasses à la maison que je voulais en laisser une partie chez eux. Je les remis à Fatima. Je savais qu'elle ne les garderait pas toutes pour elle et qu'elle les partagerait avec les autres familles. Elle me remercia, me regarda droit dans les yeux et se mit à parler en arabe. Évidemment, je ne comprenais pas vraiment, mais je saisis le cœur du message. Elle avait assez de tasses pour sa propre famille et elle allait donc donner toutes mes tasses aux deux nouvelles familles. Je trouvai le geste très honorable et n'en appréciais que davantage Fatima.

Les deux nouvelles familles de la Passauer Straße s'intégrèrent très rapidement. Nasser et Nahom se présentaient deux fois par semaine au centre familial pour apprendre l'allemand. Comme Abir avait beaucoup d'enfants, elle ne pouvait s'absenter de la maison. Quant à Mariam, la mère érythréenne, elle avait des difficultés à marcher. C'est pourquoi nous décidâmes de leur donner des cours à domicile. Hilda et Beate se rendaient chez elles deux fois par semaine pour leur enseigner l'allemand. Apprirent-elles vraiment quelque chose ? Je crois que oui. De toute façon, ce qui comptait vraiment en fin de compte, c'étaient les moments paisibles passés ensemble.

Évidemment, ce n'était pas toujours évident pour tout le monde de vivre sous un même toit avec autant d'enfants, sans compter la barrière de la langue (Mariam n'avait que peu de connaissances de l'arabe) et les différences culturelles. Fatima se plaignait souvent du vacarme des enfants ou de la cuisine en désordre. Malgré tout, j'étais toujours heureuse de passer à leur maison. Au fil du temps, tout le monde apprit à me connaître, et même si la langue demeurait souvent un obstacle, nous passions vraiment de bons moments ensemble à table à boire du café. Je leur apprenais des mots allemands et eux me montraient du vocabulaire arabe. Chaque fois que je leur rendais visite, les visages s'illuminaient et on oubliait les tensions de la maison pour un instant. Au début, Fatima me préparait toujours le café. Ce ne fut toutefois pas long avant qu'Abir m'offre du thé et Mariam des mets érythréens. Parfois, on m'offrait à déjeuner dès dix heures du matin. Comme il est impoli de refuser, je mangeais ce qui m'était proposé. Même lorsqu'il était beaucoup trop tôt pour un repas...

Un jour, ce fut Mariam qui m'ouvrit la porte. « Ah, Carolina, ma sœur, bienvenue », s'exclama-t-elle en me voyant. Elle m'embrassa chaleureusement. C'était le matin et Mariam venait tout juste de cuisiner un délicieux injera, un pain plat au levain qu'on mange en Érythrée et aussi en Éthiopie, de même qu'une sauce aux lentilles. J'eus l'impression de me retrouver à Reading en Grande-Bretagne, où j'avais l'habitude d'aller manger dans un restaurant éthiopien une fois par semaine avec mon mari. Là-bas, il y avait toujours de l'injera et de la sauce aux lentilles au menu. « Assieds-toi, assieds-toi. En veux-tu ? », me demanda Mariam en anglais alors qu'elle était déjà en train de m'en servir. J'acceptai donc, mais en spécifiant que je n'en voulais qu'une petite portion. « Shouayh », en arabe. Abir, qui était aussi dans la cuisine et qui m'avait saluée d'une accolade, riait chaque fois que j'essayais de parler arabe, et cette fois-ci ne fit pas exception. Mariam prépara du thé pour tout le monde. Lorsque Fatima se joignit à nous, elle fit du café, tradition arabe servant à montrer que nous sommes les bienvenus. Même s'il n'était que dix heures du matin et que je n'avais pas trop envie de lentilles ni de café, je me sentais bien. Leur incroyable hospitalité me faisait chaud au cœur.

Quelques semaines plus tard, lorsque j'appris à mieux connaître Nasser, il me donna plus de détails sur son périple. Peu de temps après la prise de contrôle de Deir ez-Zor par l'État islamique, la famille décida de prendre la fuite. Elle avait économisé assez d'argent pour pouvoir se le permettre. C'était quand même très dangereux d'entreprendre un tel voyage avec autant de jeunes enfants. La situation devait être affreuse. C'est le sort réservé au frère de Nasser qui poussa la famille à partir. Un jour, alors que ce dernier était au travail, la police de Bachar al-Assad entra dans l'usine, choisit quelques hommes qui s'y trouvaient, dont le frère de Nasser, et leur ordonna de sortir. Sans poser de questions. Les hommes durent s'agenouiller et mettre leurs mains derrière la tête. Puis, ils furent abattus, un après l'autre. Dehors, devant l'usine. La police repartit aussitôt. La raison de ce massacre n'était pas claire. Je pense que c'est ce qu'on appelle la guerre.

Avec beaucoup de chance, la famille Haddad réussit à traverser la frontière nord de la Syrie et à se rendre en Turquie avec les enfants. Aziz et sa famille avaient aussi tenté le coup, en vain. Les Haddad prirent ce que Frontex[12] appelle la route de la Méditerranée orientale (Carte 2, page 196). Cette route commence en Turquie et passe par la Grèce, le sud de la Bulgarie ou Chypre, pour se terminer dans l'Union européenne. Cette route alternative était l'une des plus empruntées par les migrants depuis 2008. Selon Frontex, les passeurs sont actifs à Istanbul, Izmir, Edirne et Ankara. Les Haddad, eux, étaient arrivés d'Izmir.

À partir d'Izmir, la famille Nasser traversa la Turquie en camion, puis continua sa route jusqu'à la frontière européenne, en Bulgarie. Pendant dix jours, ils restèrent cachés dans ce camion. Dix jours sans voir la lumière du jour. Avec leurs sept enfants, et un huitième né en chemin. Je me demande toujours comment les enfants ont pu tenir dans ces conditions épouvantables. Comment ont-ils réussi à faire ce voyage infernal, sans eau ni nourriture ? En tout cas, ils

---

[12] L'Agence européenne pour la gestion de la coopération opérationnelle aux frontières extérieures des États membres de l'Union européenne, surnommée Frontex (forme abrégée de « Frontières extérieures ») et remplacée depuis 2016 par l'Agence européenne de garde-frontières et de garde-côtes, est une agence communautaire de l'Union européenne. Frontex a été créée en 2004 par le règlement (CE) n° 2007/2004 du Conseil de l'Union européenne du 26 octobre 2004. L'Agence a pour mission de coordonner la coopération opérationnelle des États membres de l'UE en matière de protection des frontières extérieures, d'offrir son soutien aux États membres pour la formation de garde-frontières nationaux et d'établir des normes communes de formation à cet effet. De plus, elle effectue une analyse des risques, suit l'évolution des recherches pertinentes en matière de contrôle et de surveillance des frontières extérieures, aide les États membres confrontés à une situation exigeant une assistance opérationnelle et technique renforcée à leurs frontières extérieures et fournit l'assistance nécessaire pour la mise en œuvre d'opérations conjointes de retour des États membres. En 2015, il y avait trois routes principales : la « route des Balkans de l'Ouest », empruntée par 764 000 migrants, la « route de la Méditerranée orientale », empruntée par 885 000 migrants, et la « route de la Méditerranée centrale » empruntée par 157 000 migrants.

avaient survécu. Comme tant d'autres qui réussirent à fuir la Syrie à temps.

La fuite de l'Érythrée

Il y avait désormais deux maisons pour les réfugiés à Poing : une hébergeant quatre Pakistanais et une autre où demeuraient une famille érythréenne et deux familles syriennes. Au total, vingt demandeurs d'asile vivaient à Poing. Au fil du temps, une certaine routine s'était établie. Les Pakistanais ne donnaient plus de cours de cuisine, car ils étaient occupés à chercher un travail – et ils y parvinrent en peu de temps. Les réfugiés de la Passauer Straße apprenaient l'allemand de façon intensive auprès de nos vaillants professeurs.

Un jour, Nahom nous raconta comment il s'était rendu en Europe. Je n'avais évidemment aucune connaissance du tigrigna, sa langue maternelle, et Nahom n'avait pas un très bon anglais. Il parlait toutefois arabe et Aziz put me traduire ce qu'il disait. Nahom utilisait de nombreux supports visuels pour être compris, ce qui, en fin de compte, me permettait de suivre son histoire sans trop de difficulté.

La famille de Nahom avait emprunté une route qui nous était encore inconnue. J'entendais parler de cet itinéraire pour la première fois, mais c'est pourtant celui qu'allaient prendre la majorité de nos demandeurs d'asile en 2014. Frontex l'appelle la route de la Méditerranée centrale. Elle est surtout empruntée par les migrants venant de l'Afrique de l'Ouest ou de la Corne de l'Afrique (Carte 1 et Carte 2, pages 195 et 196).

Nous connaissons peu de choses sur l'Érythrée. Le pays s'est replié sur lui-même et ne laisse entrer aucun journaliste étranger ou observateur politique. En matière de liberté de presse, l'Érythrée se retrouve depuis des années en dernière position du classement réalisé par Reporters sans frontières, c'est-à-dire derrière la Corée du Nord. Même le dictateur Issayas Afeworki, au pouvoir depuis la fin de la guerre d'indépendance de l'Éthiopie, qui s'est échelonnée sur trois décennies, est encore peu connu.

Les Érythréens constituent le deuxième groupe de réfugiés le plus important en Europe. L'année dernière, on en comptait 360 000 vivant à l'étranger, ce qui est énorme considérant une population d'environ 5 millions de personnes. La situation des droits de l'homme dans le pays est extrêmement précaire. En effet, le dictateur a mis en place un système répressif où les gens sont arrêtés, emprisonnés, torturés et tués de façon arbitraire. Parfois, ils disparaissent, tout simplement. Selon les rapports des Nations Unies, beaucoup d'entre eux sont incarcérés pendant des années sans savoir ce qui leur est reproché. La torture, qui peut prendre la forme de décharges électriques, de simulation de noyade et de sévices sexuels, est monnaie courante. On déplore également le système du service militaire à durée illimitée, où les gens sont forcés comme des esclaves à s'enrôler. Les jeunes doivent commencer le service militaire pendant leur dernière année scolaire. Selon le ministère des Affaires étrangères de l'Érythrée, il est limité à 18 mois par la loi, mais le gouvernement justifie la notion de durée illimitée en agitant le spectre d'une attaque de l'Éthiopie. La raison principale de l'émigration massive n'est donc pas la pauvreté, mais bien le fait que la population soit soumise à une répression permanente, sans jamais savoir quelle mauvaise surprise l'avenir lui réserve.

Nahom m'expliqua qu'ils avaient d'abord franchi la frontière du Soudan et qu'ils s'étaient ensuite dirigés vers la Libye. La majeure partie du voyage se fit par le Sahara.

D'abord, je compris qu'il était monté sur un cargo à Ajdabiya, au nord-est de la côte libyenne, afin de se rendre en Grèce. Mais après quelques recherches, son histoire devint plus claire. Comme tant d'autres avant eux, ils devaient avoir pris la route suivante : ils étaient passés par Koufra, dans le sud de la Libye, avaient poursuivi leur chemin jusqu'à Ajdabiya, pour arriver finalement à Tripoli. Les Érythréens forment l'un des plus importants groupes de migrants à Tripoli. Leur exode est financé en grande partie par des compatriotes qui se trouvent déjà en Europe. Le voyage coûte cher : les migrants doivent payer 400 dollars US uniquement pour franchir la frontière libyenne, puis le même montant pour le voyage jusqu'à la côte, et au moins 1 000 dollars US pour la traversée en bateau jusqu'en Europe. Ceux qui réussissent à traverser la Méditerranée remboursent le coût du voyage avec leur salaire ou l'aide sociale qu'ils reçoivent par la suite.

Nahom raconta qu'il était resté caché dix heures dans un conteneur sans pouvoir bouger, sans pouvoir émettre un seul son, sans nourriture, sans eau et sans toilette. La petite Yohanna, qui n'avait alors que cinq ans, dut faire de même. Lorsqu'il raconta cette partie de l'histoire, je crus qu'il avait été sur un bateau, mais j'avais mal compris. Il avait fait le voyage en camion d'Ajdabiya jusqu'à Tripoli, à bord d'un poids lourd qui transportait des produits agricoles, du foin ou de la nourriture destinée aux animaux. [13]

Nahom ne fit pas mention de la durée de chaque étape. J'ignore combien de temps il lui fallut à lui et à sa famille pour traverser le Sahara. J'ignore combien de temps ils restèrent au

---

[13] En 2015, des clandestins érythréens ont été découverts alors qu'ils se cachaient parmi un important chargement de briques dans l'espoir d'atteindre la Libye. Un groupe de 85 hommes et femmes. Les migrants étaient tous recroquevillés sous des tonnes de briques, ne pouvant se tenir debout dans cette cavité de moins d'un mètre de haut. C'est exactement ainsi que Nahom avait décrit son voyage.

Soudan ou en Libye. Combien de temps durent-ils attendre pour se rendre d'un endroit à l'autre ? Certaines personnes attendent quatre ans avant d'obtenir une place à bord d'un bateau de pêcheur inapte à une traversée en mer. La durée du voyage de Nahom n'était toujours pas claire. En tout cas, il semblait avoir pris terriblement de temps, sûrement quelques années.

D'autres réfugiés ayant pris la même route avant d'arriver à Poing nous en apprirent davantage au sujet de la Libye. C'était loin d'être le paradis... Disons plutôt que c'était l'enfer. Ils disaient que c'était tout à fait normal d'atterrir en prison après être arrivés à Tripoli. La seule possibilité d'en sortir était de payer. Ou de mourir. Nous n'avons pas beaucoup de détails à ce sujet. Nous savons seulement que c'étaient des conditions difficiles, affreuses. Les réfugiés faisaient mention de torture, de viol et de manque de nourriture.

Pour les bénévoles, il est important de connaître un peu ces histoires. Lorsque les migrants arrivent en sol européen, certains ont enduré des conditions de voyage épouvantables, d'autres ont subi des arrestations et de la torture. De nombreux survivants doivent trouver un moyen de rembourser le coût de leur voyage. On comprendra donc que l'apprentissage de la langue et la découverte de la culture du pays d'accueil se retrouvent souvent tout en bas de la *to-do list* des demandeurs d'asile. Bon nombre d'entre eux se sentent sous pression. Ils ont laissé derrière eux une famille ou un village qui n'attendent que de recevoir de l'argent. Les migrants qui débarquent en Europe n'ont souvent qu'une mission : trouver un travail et gagner de l'argent pour l'envoyer à leurs proches.

Des emplois pour nos Pakistanais

Nos Pakistanais, nos tout premiers demandeurs d'asile, étaient maintenant en Allemagne depuis neuf mois, ce qui leur donnait le droit de travailler en vertu de la loi allemande. Trois mois auparavant, ils avaient dû faire renouveler leurs documents, valides seulement six mois. Les bénévoles n'avaient pas plus d'expérience que les réfugiés en matière de procédures bureaucratiques. Tout cela nous rendait nerveux et, dans notre naïveté, nous avions peur que leurs papiers ne puissent être renouvelés. En réalité, il n'avait fallu que d'un appel pour se rendre compte que ce n'était pas compliqué du tout. Il s'agissait d'un simple processus de renouvellement à Ebersberg, où les demandeurs d'asile devaient se rendre de toute façon une fois par mois pour aller chercher leur argent de poche. Neuf mois plus tard, tous reçurent une lettre de la Bundesagentur für Arbeit (Agence fédérale pour l'emploi) qui confirmait qu'ils étaient autorisés à travailler. La recherche d'emploi fut laborieuse. À ce sujet, les trois Pakistanais avaient des façons de procéder très différentes. Azfar, qui savait lire et cherchait toujours à travailler afin de subvenir aux besoins de sa famille restée à Sialkot, envoya chaque jour des candidatures à toutes les entreprises qu'il pouvait trouver à Poing et aux alentours. Chaque jour, il se rendit dans différents établissements de Poing pour demander s'il n'y aurait pas du travail pour lui. Il n'abandonna jamais. Il tenta sa chance en anglais, sachant que son niveau d'allemand n'était pas assez bon. Il fallut un bon moment, mais il finit par voir ses efforts récompensés. Il trouva un travail comme commis d'entrepôt dans une entreprise de Poing. Il réussit à le décrocher sans notre aide. Dès qu'il reçut la confirmation de l'entreprise, il l'envoya à la sous-préfecture à Ebersberg pour qu'elle soit acheminée à l'Agence pour l'emploi à des fins d'examen. Le jour en question, Azfar me téléphona pour me faire part de la bonne nouvelle. J'étais très heureuse pour lui. Il avait mérité de trouver un emploi. Il me demanda de rédiger un mail à la sous-préfecture pour confirmer qu'il avait obtenu un emploi et qu'il avait mis ses documents à la poste. La sous-préfecture évalue l'offre d'emploi et décide si le demandeur d'asile peut accepter l'offre ou pas. Ce fut pénible d'attendre l'analyse de la candidature. Deux semaines plus tard, il reçut enfin la confirmation. Quelle nouvelle réjouissante ! Nous célébrâmes même l'évènement durant le cours d'allemand. Azfar était notre premier demandeur d'asile à avoir trouvé un emploi et il commencerait bientôt à travailler.

Arfeen, de nature très calme et timide, réussit lui aussi à se trouver un travail seul. Comme je ne fus jamais très proche de lui, je ne sais pas comment il y parvint. Cependant, je sais qu'il passa beaucoup de temps à faire des recherches et qu'il finit par décrocher un job dans une cuisine de Markt Schwaben, une commune située à seulement trois minutes de Poing en train. Nous avions déjà remarqué pendant notre cours de cuisine qu'Arfeen était celui qui cuisinait le mieux. Je ne fus donc pas étonnée qu'il ait axé sa recherche d'emploi vers la gastronomie.

Hosni, quant à lui, reçut de l'aide des enseignants d'allemand. Il avait alors deux professeurs qui lui apprenaient l'allemand à tour de rôle chaque semaine. De tous les demandeurs d'asile de Poing, c'est lui qui reçut le plus de soutien. Ses enseignants restèrent à ses côtés du début à la fin, de la recherche d'emploi à la demande auprès du fisc en passant par l'assurance maladie de l'AOK (caisse locale de maladie). L'histoire entourant l'obtention de son emploi est très intéressante. En octobre 2014, nous avions organisé une fête internationale au centre familial et avions besoin de chauffe-plats afin de garder la nourriture chaude pendant l'événement. Je ne savais pas comment m'y prendre, mais je me renseignai auprès d'un traiteur local. Les employés furent très étonnés de ma demande, étant donné qu'ils ne louent normalement pas de chauffe-plats. Ils m'en laissèrent tout de même quelques-uns. Et pas seulement cette fois-là, mais à beaucoup d'autres occasions. Le jour précédant notre fête, lorsque je me rendis à leur commerce, je leur demandai s'ils n'auraient pas par hasard un poste pour un de nos demandeurs d'asile. La directrice, une dame très gentille, me répondit qu'il était bien possible qu'une occasion se présente bientôt et qu'elle m'appellerait le cas échéant. Une semaine plus tard, l'enseignante de Hosni nous informa qu'il avait justement postulé auprès de cette entreprise de service traiteur après avoir vu une petite annonce à cet effet dans le journal. Et il avait obtenu le job. Peut-être y ai-je contribué en me renseignant auprès de la direction au sujet d'un poste pour les demandeurs d'asile. Qui sait ?

Avant que nos trois hommes trouvent un vrai emploi, Arfeen et Hosni avaient déjà fait quelques travaux pour la commune, les fameux jobs à 1 euro. Ces jobs ne peuvent être offerts que par un établissement local de la commune, comme une déchetterie, une école ou un jardin d'enfants, et ce, à des fins d'utilité publique uniquement. Ce ne peut pas être un travail pour un particulier. Nos demandeurs d'asile avaient donc eu la possibilité d'obtenir ce genre de travail.

Parfois, ils ne comprenaient pas pourquoi ils devraient travailler pour seulement 1,05 euro de l'heure. En réalité, il s'agit d'une très bonne occasion de se familiariser avec le système allemand et de gagner de l'expérience sur le marché du travail. De plus, les réfugiés ont droit à une assurance, si jamais quelque chose tournait mal. Hosni travaillait dans un centre sportif de Mark Schwaben. Chaque jour, il s'y rendait en vélo et il prenait plaisir à travailler. Il s'occupait des pelouses et d'autres travaux extérieurs. Arfeen, de son côté, resta à Poing et travailla pour la ville dans le domaine de la construction. Ils travaillèrent tous deux pendant quelques mois avant de trouver un emploi fixe qui leur convenait davantage. Azfar, quant à lui, ne se fit jamais proposer de job à 1 euro. Je me demande toujours pourquoi. Peut-être parce que le nombre de postes était limité.

Événements

Pour le 11 octobre 2014, nous voulions organiser une fête internationale au centre familial. La plupart des gens que j'avais invités avaient confirmé leur présence, le traiteur local avait encore une fois accepté de me prêter des chauffe-plats et bon nombre de mes amis et connaissances étaient prêts à cuisiner un plat de leur pays d'origine. Il y aurait donc des mets du Brésil, de la Thaïlande, du Kenya, du Vietnam, de la France, de l'Italie, de la Bulgarie, de la Finlande, de la Pologne, de la Turquie, de l'Espagne, de l'Allemagne, ainsi que de la Syrie et du Pakistan.

Fatima Khaled, qui était très bonne cuisinière, passa toute une matinée à préparer de son succulent houmous, des falafels et d'autres spécialités du Proche-Orient. Quelques semaines auparavant, je lui avais parlé de la fête internationale et lui avait demandé si elle voulait donner un coup de main. Elle était évidemment partante. Elle adorait cuisiner pour les autres. De cette façon, nous pouvions faire participer les migrants à nos événements locaux, les intégrer un peu plus, et ce, de façon très concrète. Fatima se réjouissait à l'idée d'apporter sa contribution à la fête. Et elle nous offrit ce qu'elle savait faire de mieux : ses bons petits plats préparés avec amour.

Le jour J, lorsque j'arrivai chez elle en fin de matinée, elle avait presque terminé. Avec son fils Abdel, nous mîmes les nombreuses assiettes et casseroles dans la voiture. Le siège arrière de mon auto était plein lorsque je quittai les lieux.

À l'occasion de cet événement, je déployai de nombreux efforts pour contacter le plus de clubs de Poing possible. Je voulais les convaincre de préparer une petite présentation pour notre fête internationale. Je reçus beaucoup de réponses positives et nous pûmes donc proposer un excellent programme : un orchestre allemand, du théâtre vietnamien, de la Zumba et du flamenco, du baladi arabe, des tambours africains, des danses bosniaques et de la capoeira. Dès les premières notes, le public se mit à danser, ce qui créa une ambiance décontractée et paisible.

Cette fête était très importante pour moi, car, à mes yeux, ce genre d'événements a le potentiel de changer les choses. Avec beaucoup d'énergie positive et une atmosphère festive, les gens sortent un peu de leur coquille et développent une certaine complicité et solidarité avec les autres. Un effet qui est difficile à atteindre dans la vie de tous les jours. Les nouveaux liens ainsi tissés contribuent à apprécier le vivre-ensemble et peut-être aussi à prendre conscience que nous sommes en fin de compte tous des êtres humains ayant des besoins très similaires.

Ce qui me rendit particulièrement heureuse ce jour-là, ce fut de voir les différentes cultures se mélanger et les gens avoir du plaisir ensemble. Il n'y avait alors plus de barrière de la langue, plus de couleur de peau et plus de convictions religieuses. Seul le moment présent comptait, celui qui avait vu naître cette nouvelle communauté formée de gens totalement différents. La fête internationale était le premier événement auquel j'avais convié tous nos réfugiés.

Dans notre cercle de bénévoles, le sentiment d'appartenance était aussi très fort. Au cours de l'année, nous y avions accueilli toujours plus de gens. Évidemment, nous perdîmes des membres également en cours de route. Au départ, nous n'étions que des enseignants d'allemand, mais entre-temps, nous apportions également de l'aide pour le jardin d'enfants, l'école, les activités sportives et les visites chez le médecin. Nous étions présents pour expliquer les lettres officielles venant des autorités. Souvent, nous étions simplement des amis ou offrions une oreille attentive.

Peu à peu, nous développâmes une série de nouvelles initiatives.

Nous commençâmes à organiser des après-midi jeux pour les enfants des réfugiés et les enfants allemands. Anna, une mère de Poing, avait deux petits enfants. Elle trouva l'idée fantastique et fut la première à se proposer pour tenir l'événement hebdomadaire chez elle. Les familles d'immigrants étaient elles aussi d'accord avec le projet, même si elles ne comprenaient pas exactement le concept au début et qu'elles étaient inquiètes à l'idée de laisser leurs enfants chez des inconnus. Les premières visiteuses furent Yohanna et Nadia, deux petites filles d'environ six ans qui vivaient sur la Passauer Straße.

Je voyais dans cette initiative une énorme possibilité de faciliter l'intégration des réfugiés au sein de la commune. Après tout, il s'agissait d'un véritable échange. D'une part, les enfants des réfugiés pouvaient améliorer leurs connaissances de l'allemand et sortir de leur maison une fois par semaine pour rencontrer de nouvelles personnes. D'autre part, les enfants allemands avaient l'occasion d'apprendre ce qui avait poussé les migrants à venir en Allemagne et tout ce qu'ils avaient enduré pendant leur voyage.

Pour les adultes, il y avait une soirée jeux une fois par mois. Cette initiative fut également très bien reçue. Tout comme les soirées cinéma. Notre premier film, « Mister Bean », fut un vrai succès. Je n'avais encore jamais vu autant de gens réunis pour rire des bêtises de Mister Bean.

Avec l'aide de Claudia, une Brésilienne propriétaire d'un salon de coiffure, je lançai une nouvelle initiative. Claudia voulait offrir aux demandeurs d'asile la possibilité de venir se faire couper les cheveux une fois par mois. Comme je savais que Fatima avait déjà travaillé comme coiffeuse à Damas, je lui demandai si elle aimerait participer au projet en devenant l'assistante de Claudia. Elle accepta. Elle était très heureuse et très fière que je le lui aie demandé.

Au même moment, nous voulions également relancer les cours de cuisine. Cette fois-ci avec Fatima, Abir et Mariam. Les Pakistanais ne pouvaient plus s'occuper de la cuisine, étant donné qu'ils avaient tous trouvé un travail. De toute façon, je disposais de trois excellentes cuisinières sur la Passauer Straße, Fatima, Abir et Mariam, qui avaient le temps et surtout l'envie de participer à ce projet. Nous commençâmes par prendre les dispositions nécessaires pour la tenue du projet. Par exemple, il fallait recevoir des conseils d'hygiène chez le médecin ou suivre une formation sur l'hygiène au centre familial. Tout ça demandait de la planification et du temps. Malheureusement, les trois familles nous quittèrent peu de temps après le début du projet.

Nos bénévoles avaient investi énormément de temps dans tout ce que nous avions déjà organisé et ce que nous étions toujours en train de planifier. C'est pourquoi nous étions réticents à l'idée de lancer un autre projet. Nous décidâmes quand même de tenter le coup avec le « Café international ». Nous voulions offrir à nos demandeurs d'asile un endroit sûr où ils se sentiraient à l'aise et où ils pourraient obtenir des réponses à leurs questions : un mélange entre un café-rencontre et un centre d'information, qui se tiendrait une fois par semaine. C'était une occasion de plus de faire sortir les réfugiés de leur maison, de briser leur routine et de rencontrer d'autres personnes que celles avec qui ils vivaient. Le « Café international » était ouvert à tous les habitants de Poing. Tout le monde était le bienvenu. Plus tard, nous déplaçâmes le Café au centre jeunesse, où il y avait une table de billard et une table de tennis de table, un jeu de fléchettes, une table de baby-foot et des jeux vidéo. Un vrai paradis pour nos jeunes réfugiés ! Le Café devint rapidement victime de son succès de telle façon qu'il fallut en organiser un deux fois par semaine cinq mois plus tard.

Un autre moment fort parmi nos activités proposées fut une soirée de théâtre très spéciale. Beate, l'une de nos enseignantes d'allemand, s'était chargée de l'organiser. Le groupe de théâtre jouait bénévolement dans les environs de Munich afin de familiariser les habitants des communes aux différents aspects de la migration et de l'exil. Ils exigeaient un coût d'entrée pour couvrir leurs propres dépenses, et le reste allait à une œuvre de bienfaisance décidée par l'hôte. La pièce avait pour titre « Châteaux d'Espagne ».

Elle tournait autour de la situation actuelle des réfugiés. Mais au lieu de parler d'une immigration africaine en Europe, il était plutôt question d'un mouvement migratoire européen vers l'Afrique. La pièce avait pour personnages principaux une femme espagnole et trois hommes venant de l'Allemagne, de la Grande-Bretagne et du Nigeria. Les comédiens parlaient en différentes langues : allemand, espagnol, anglais et un peu de français et de langues africaines. La musique aussi était omniprésente, du flamenco aux chants africains en passant par les tam-tams. La musique constituait le meilleur moyen de communication pour transmettre des émotions dans des situations dramatiques lorsque les mots ne suffisaient pas.

Nos demandeurs d'asile se présentèrent en grand nombre et se mélangèrent rapidement avec la population locale. J'adorais ce vivre-ensemble, où des personnes des quatre coins du monde étaient assises l'une à côté de l'autre et partageaient une expérience culturelle. La soirée sembla plaire aux demandeurs d'asile, car la majorité d'entre eux restèrent jusqu'à la fin. Pour un moment, ils pouvaient stopper le fil de leurs pensées et arrêter de se faire du souci pour l'avenir. Ce soir-là, on leur permettait, ou plutôt ils se permettaient à eux-mêmes de profiter du moment présent, de se laisser divertir par une pièce artistique et se libérer de leurs pensées négatives. Pendant quelques heures, ce que demain apporterait n'avait plus aucune importance.

Même si les comédiens avaient inversé la situation des réfugiés afin de mieux faire passer leur message, le vrai thème de la pièce était évidemment l'émigration vers l'Europe. Ils représentèrent ce long voyage que tous nos demandeurs d'asile avaient effectué. Nos jeunes hommes pouvaient donc se reconnaître dans la pièce, même si leur voyage s'était fait du sud au nord, et non dans l'autre sens.

En les invitant à venir assister à la pièce de théâtre, nous voulions leur montrer qu'ils faisaient désormais partie de notre commune, qu'ils étaient ici chez eux. Ils se trouvaient maintenant dans un endroit sécuritaire et pouvaient rire de certaines scènes humoristiques avec le reste du public. Sans doute remarquèrent-ils qu'ils étaient à leur place parmi nous. Même moi, je le sentis. Ce soir-là, nous retournâmes à la maison le cœur léger. Un sentiment que personne ne pourrait plus jamais nous enlever.

Le gymnase

Au mois d'octobre 2014, de nouveaux demandeurs d'asile arrivèrent à Poing. Comme il n'y avait pas assez de places disponibles, la sous-préfecture avait décidé d'héberger les nouveaux arrivants dans le gymnase de l'école du quartier. Cette fois-ci, ce n'était pas seulement des Palestiniens et des Syriens. Nous accueillîmes nos premiers Nigériens : quatre femmes enceintes, une mère accompagnée de sa petite fille et un couple avec deux jeunes enfants. Au total, il y avait 14 personnes.

Elles devaient maintenant s'adapter à leur nouveau domicile, dans le gymnase, au beau milieu de l'école, entourées d'écoliers. Les Syriens étaient musulmans, les Nigériens, chrétiens. Le gymnase avait été divisé de façon à garantir une certaine intimité à chacun et à séparer les différentes nationalités les unes des autres.

La salle servait à répondre aux besoins de base : on pouvait y dormir, cuisiner et se laver. Toutefois, les Nigériennes s'énervèrent rapidement, car selon elles il leur fallait beaucoup plus que cela. Comme certaines d'entre elles étaient enceintes, elles voulaient obtenir un logement sur-le-champ. Je leur rendis visite à quelques reprises, mais je sentis qu'elles avaient du mépris à mon égard. Pour elles, notre aide allait de soi. Je ne crois pas qu'elles savaient ou qu'elles étaient intéressées de savoir que nous étions des bénévoles qui offraient de l'aide pendant leur temps libre. Ce n'était pas notre travail. Nous n'attendions pas de remerciement, mais au moins un minimum de respect et de politesse.

Lorsque je leur fis savoir que j'organisais des cours d'allemand, elles ne semblèrent pas particulièrement intéressées. J'en déduisis que l'apprentissage de la langue allemande ne constituait pas une priorité pour elles. Et effectivement, durant la totalité de leur séjour à Poing, elles ne vinrent pas une seule fois au cours. Je pouvais aussi les comprendre. Elles étaient sur le point d'accoucher et avec toutes leurs visites chez le médecin, il restait peu de temps pour l'apprentissage de la langue. J'avais aussi l'impression qu'elles n'avaient qu'une chose en tête : trouver un hébergement. Leurs maris étaient encore en Italie. Elles étaient restées auprès d'eux pendant trois ou quatre ans, mais comme la situation économique en Italie n'était pas très confortable, elles voulurent tenter leur chance ailleurs. L'Allemagne était probablement une destination assez intéressante.

Pour les musulmans, la cohabitation dans le gymnase fut plutôt difficile au début. Ils devaient s'accommoder de la forte musique africaine toute la journée et de la cohabitation avec des femmes nigériennes légèrement vêtues. Un vrai choc culturel. Du point de vue d'un observateur neutre, on pouvait aussi être d'avis que cette cohabitation n'était pas une si mauvaise chose. Elle obligeait les différents camps à voir un peu plus loin que le bout de leur nez et à constater qu'il n'y avait pas seulement une culture ou une religion sur cette terre. Peut-être même que cette situation exceptionnelle pourrait aider les gens à reconsidérer leur perception du monde. J'étais peut-être naïve de penser ainsi.

Pour certaines personnes, il était simplement trop tard pour changer leurs idées préconçues. À partir d'un certain âge, il n'y a parfois plus de place pour de nouvelles idées ou pour des changements. De plus, ce genre de défi pouvait raviver des traumatismes. Ce fut le cas d'un père et de ses deux enfants qui vinrent s'installer dans le gymnase. Pendant le voyage, ses enfants avaient été traumatisés par des Africains noirs. Je ne savais pas exactement pourquoi. En tout cas, il était impossible pour eux de dormir dans la même pièce que les Nigériens. Comme le père était un parent des Haddad, il envoya les enfants dormir dans la maison de la Passauer Straße.

Marwan avait traversé la Méditerranée avec son fils de quatre ans. Je n'avais parlé qu'une seule fois avec lui, pour l'informer des cours d'allemand. Après l'avoir mis au courant par téléphone avec l'aide d'un interprète, il me remercia poliment, mais je savais que je ne le verrais jamais au cours. Apparemment il avait perdu sa femme durant le voyage. Elle avait été tuée par balle. Leur fils recevait déjà de l'aide psychologique à Poing. Je n'arrive pas à m'imaginer tout ce que ce petit garçon vit et endura pendant la fuite. Le père, qui avait reçu des coups de barre de métal dans le dos, souffrait de douleurs dorsales. Aussitôt arrivé en Allemagne, il dut subir une opération à cœur ouvert. Depuis, il était très faible et n'arrivait pas à bien s'occuper de son fils. De plus, père et fils souffraient d'un norovirus lorsqu'ils atterrirent à Poing, et l'enfant avait des poux. Tout de suite après leur arrivée, Aziz voulut leur apporter son aide. Il rendait visite à Marwan dans le gymnase, lui apportait des aliments et cuisinait même pour lui. Je ne le sus qu'en croisant une fois Aziz avec un gros sac de provisions lorsque je sortais du gymnase après ma première rencontre avec les nouveaux venus. Aziz aimait aider. Je fus touchée de voir cette solidarité entre demandeurs d'asile. Je trouvais que c'était une très bonne chose. Cela faisait chaud au cœur d'être témoin d'une telle entraide.

Une semaine auparavant, j'en avais justement discuté avec Aziz. Il m'avait raconté qu'à Damas, il avait l'habitude d'aider tous ceux qui en avaient besoin. Il m'avait dit humblement qu'il ne cherchait pas à se vanter ; il voulait seulement me parler de sa vie en Syrie. Aziz m'avait également raconté que c'était difficile pour lui en Europe, parce que la solidarité entre Palestiniens et Syriens avait disparue avec la traversée de la Méditerranée. Plus personne ne s'aidait. Chacun essayait de sauver sa peau. Cette constatation le rendait très triste. Avec l'arrivée de Marwan à Poing, il avait enfin l'occasion de faire ce qu'il adorait : aider les autres.

Lorsque je croisai Aziz au gymnase ce vendredi-là avec la nourriture qu'il avait achetée pour Marwan, mon cœur s'emplit de joie. C'est ce genre de petits détails, de petits gestes qui me montraient et me rappelaient qu'il y avait toujours de bonnes personnes dans le monde, qu'il y avait toujours de l'espoir.

À Poing, une nouvelle ère commença.

Les premiers demandeurs d'asile déménageaient. La famille Khaled avait enfin trouvé un logement. Ils avaient eu de la chance. L'une des bénévoles, Marie Berg, possédait une maison à Mittelteich, une ville à trois heures de route de Poing en direction de la République tchèque. Comme la maison était libre, Mme Berg l'avait proposée aux Khaled. Ils avaient accepté l'offre sur-le-champ. Ils voulaient absolument avoir leur propre maison, même s'ils savaient qu'elle serait éloignée des grands centres urbains. C'était comme un miracle. Ils avaient enfin trouvé un endroit où ils avaient été acceptés comme locataires. Ensuite, tout se passa très rapidement.

Les Haddad quittèrent la Passauer Straße peu de temps après. Ils avaient été relogés à Vaterstetten.

Nahom et Mariam étaient dans une situation différente. Eux aussi partirent à peu près au même moment. Ils devaient se rendre à Grafing ou Munich. Mariam avait d'importants problèmes de santé. Dans son pays d'origine, elle s'était fait enrôler dans l'armée et avait dû se battre dans le cadre de la guerre entre l'Érythrée et l'Éthiopie (1998-2000). Une balle l'avait alors atteinte à la tête, mais elle avait survécu. Toutefois, elle avait aujourd'hui de la difficulté à marcher et souffrait régulièrement de crises d'épilepsie. Nous n'apprîmes qu'avec le temps que Nahom n'était pas le mari de Mariam ni le père de Yohanna. Il s'était simplement proposé de s'occuper d'elles pendant le voyage en Europe et de l'aider avec sa demande d'asile. Lorsque Mariam eut à nouveau une lourde crise d'épilepsie, il fut décidé qu'elle soit envoyée à Munich pour être prise en charge par une équipe professionnelle. Yohanna resta avec elle, mais Nahom voulait désormais faire son propre chemin. Il avait rempli son devoir. Il l'avait soutenue pendant le long trajet vers l'Allemagne. Maintenant, elle était entre de bonnes mains.

La maison de la Passauer Straße resta inhabitée pendant un mois. Ça me faisait tout drôle. Du jour au lendemain, ses habitants étaient tous partis. Il ne nous restait que le souvenir des moments uniques passés ensemble.

Entre-temps, la sous-préfecture avait trouvé une nouvelle maison pour les migrants, dans la Berliner Straße. Le propriétaire était récemment décédé sans laisser d'héritage, de sorte que la commune, à qui la maison appartenait maintenant, décida de s'en servir pour héberger des demandeurs d'asile. Un peu après Noël, au beau milieu des vacances, quelques Syriens arrivèrent à Poing alors qu'il n'y avait presque personne pour les accueillir. Dès que je pus, je leur rendis visite. Il y avait Kamel et Abdelali, un père accompagné de son fils de 17 ans, venus d'Alep ; Nahid, âgé de 19 ans, arrivé seul ; Mehdi, un jeune Kurde de Syrie. Il y avait aussi Kadin et Reda, qui manifestement étaient très proches.

En février 2015 arriva notre première grande vague de migrants à Poing. Le gymnase se vida des Nigériens et Syriens qui furent remplacés par 37 nouveaux réfugiés, tandis que 13 hommes d'Érythrée aménagèrent dans la maison de la Passauer Straße.

C'était un peu déstabilisant pour nous. Nous n'avions encore jamais reçu autant de demandeurs d'asile en une fois et je me sentais un peu dépassée par la situation. Je notai 37 noms dans mon carnet de notes. Nous n'étions pas préparés à accueillir autant de migrants et nous devions changer notre stratégie de cours le plus rapidement possible.

Je me rappelle très bien la première fois que je visitai les nouveaux arrivants dans le gymnase. Il devait être autour de onze heures du matin. Le soleil pénétrait par les fenêtres alignées sur les murs latéraux. Tout le monde dormait, ou du moins la plupart. Le premier que je vis fut Majid. C'était un beau jeune homme d'une vingtaine d'années, qui avait l'air éduqué, poli et fier. Lorsqu'il m'aperçut, il ne sut pas vraiment ce qu'il devait faire. Chaque fois que je rencontre les demandeurs d'asile pour la première fois, ils ne savent jamais qui je suis et ce que je leur veux. C'est pourquoi ils sont toujours incertains de l'attitude à adopter à mon égard. Majid était sur le point de faire des exercices de musculation à l'aide d'une chaise lorsque j'arrivai. Il me regarda comme si j'étais une extraterrestre. Je lui souris, plongeai mon regard dans le sien et me présentai, comme à mon habitude. Je lui expliquai qui j'étais et ce que mes bénévoles et moi nous faisions, et lui souhaitai la bienvenue dans notre commune. Lorsque je mentionnai les cours d'allemand, son visage s'illumina et il se détendit un peu. Majid venait de la Sierra Leone, comme trois ou quatre autres personnes du gymnase. N'ayant pas encore reçu de liste officielle des nouveaux venus, j'avais décidé d'en faire une moi-même. J'avais besoin de leur nom pour pouvoir organiser les cours d'allemand. Celui de Majid fut le premier sur ma liste. Il appela ensuite Ibrahima, un ami à lui, afin que je note aussi son nom.

Ce groupe de jeunes hommes me fit une forte impression. Lors de ma première visite, alors que j'essayais, en allant d'un lit à l'autre accompagnée d'un jeune Érythréen, de noter le plus de noms possible, je ne fis que tomber sur des jeunes hommes âgés de 21 ans ou moins. La majorité venant de différents pays d'Afrique, et trois venant de Syrie. Jusqu'à lors, je m'étais habituée à m'occuper avant tout d'Arabes. Cette fois-ci je me retrouvai devant une nouvelle culture : la culture africaine. Je fis la rencontre d'Amadou Sané, un jeune Sénégalais. Il ne devait pas avoir plus de 18 ans. Lorsque je lui demandai s'il parlait français, il se leva et se mit immédiatement à me parler en français. Évidemment, la langue nous rapprocha automatiquement et facilita la communication. Nous discutâmes pendant un moment. Par son discours, il semblait si jeune et naïf. Il me fit tout de suite penser à l'un de mes jeunes frères quand il était plus jeune. Amadou était comme mon frère, mais en noir. À l'extérieur, un grand gaillard, mais à l'intérieur, un petit être fragile qui essayait de se protéger à l'aide d'une carapace de muscles. Il était si jeune qu'il aurait pu être mon fils. Tous ces hommes étaient trop jeunes pour être séparés de leur famille.

Un sentiment de tristesse m'envahit à cette pensée. J'en eus les larmes aux yeux. Je quittai le gymnase et m'assis dans ma voiture. Je dus reprendre mes esprits un moment. Ils n'étaient encore que des enfants ou des adolescents, mais comme ils avaient plus de 18 ans, ils comptaient comme des adultes. Ils étaient à un âge où on a encore besoin d'une mère, d'une famille. Et ils se retrouvaient tout seuls dans un pays étranger, où ils devaient essayer d'apprendre une nouvelle langue et de s'en sortir. Tout seuls, attendant une lettre qui les renverrait peut-être chez eux.

C'en fut trop pour moi. À ce moment-là, je ne pus m'empêcher de pleurer. Je pleurai pendant un bon moment. Cela me fit du bien.

Les gens de Poing commencent à s'ouvrir

L'arrivée de ce groupe de 37 migrants obligea les bénévoles à modifier leur travail et leur façon de faire. Tout de suite après avoir rencontré les nouveaux venus, je convoquai tous mes enseignants à une réunion. C'était très dernière minute, mais il fallait se parler d'urgence. J'avais besoin de cours à grande échelle, de vraies leçons d'allemand, et je savais que ce serait un problème étant donné que mes enseignants n'étaient pas vraiment des enseignants, mais plutôt des partenaires de langue. Jusqu'à présent, nos cours se donnaient surtout de façon individuelle, une façon de faire qui plaisait à tout le monde. Je devais désormais changer cette formule, ce qui obligerait de nombreux enseignants à sortir de leur zone de confort. Ce fut pour tous un processus d'apprentissage. Ce soir-là, la réunion dura beaucoup plus longtemps que d'habitude, nous restâmes un bon moment à discuter. Je réussis finalement à recruter de « vrais » enseignants qui étaient partants pour donner un cours à une grande classe. Tous les autres enseigneraient à des groupes de trois à cinq élèves, à l'exception de la chère Gertrud, qui ne voulait travailler qu'avec un seul élève. Tout ça exigea beaucoup d'organisation. Je devais créer des groupes qui convenaient aux différents enseignants, prendre des rendez-vous et trouver plus de salles de classe au sein de la commune. Je m'étais donné comme objectif de continuer à offrir deux cours par semaine à tous les demandeurs d'asile. Cela me prit beaucoup d'énergie, mais je finis par établir un plan. Il serait peut-être exagéré de dire que tout se déroula sans heurts.

De plus, nous commençâmes à établir des partenariats avec des clubs de sport locaux pour que les demandeurs d'asile aient un accès plus facile aux installations sportives. Par exemple, Hilda et moi eûmes une rencontre avec la SG (l'association sportive) de Poing afin de trouver une façon rapide et non bureaucratique d'accueillir les nouveaux migrants. Le conseil d'administration fit preuve d'ouverture. Ensemble, nous comparâmes l'offre et la demande et essayâmes d'assembler les pièces du puzzle.

Le prochain défi était de trouver des vêtements et des chaussures de sport. Bon nombre de demandeurs d'asile se promenaient avec des bottes d'hiver ou même nu-pieds dans la salle de gym. Pour trouver une solution à ce problème, le groupe de jogging de la SG de Poing appela tous ses membres à une collecte de chaussures de course. Au bout d'une semaine, j'avais deux énormes boîtes de chaussures, de shorts et de leggings.

Côté sport, le principal problème qui se posait à nous était que les équipes étaient déjà formées et que chacune d'entre elles ne pouvait accueillir que quelques nouveaux joueurs, pas des groupes entiers. De plus, certaines équipes, comme celles de volleyball et de basketball, jouaient déjà à un haut niveau et ne voulaient donc accepter que des bons joueurs. Anja, une enseignante d'allemand, avait une fille qui était mariée à un Syrien. Le frère de ce Syrien avait ramené ses deux autres frères et sa mère en Allemagne. L'un d'eux, Sami, avait travaillé comme entraîneur de basketball en Syrie. Il était maintenant occupé à apprendre l'allemand de façon intensive. Comme tous les autres membres de la famille, il fut reconnu comme réfugié. Sami incarnait pour nous la seule solution possible à notre problème d'équipes de sport. La SG de Poing accepta de lui offrir un poste comme entraîneur afin qu'il puisse entraîner les demandeurs d'asile une fois par semaine et qu'il donne un coup de main à l'équipe de basketball d'enfants. Bien sûr, il préférait enseigner le basketball, mais nous lui demandâmes d'être un peu plus flexible et d'essayer d'autres sports également.

Nous avions un groupe d'hommes aux attentes très diverses. À mes yeux, ces entraînements hebdomadaires d'une heure et demie offraient une situation gagnante pour tout le monde. Sami gagnait ainsi un petit salaire et une expérience sur le marché du travail allemand. En même temps, cela permettait aux demandeurs d'asile de pratiquer un sport une fois par semaine. Nous fîmes de la publicité auprès des demandeurs d'asile, mais cela ne fonctionna pas très bien. Ils vinrent une fois, mais ne se présentèrent pas la semaine suivante. Comme les entraînements avaient lieu le soir, il m'était difficile de venir voir comment se passait les entraînements, parce que c'était le temps que je passais avec mes enfants. Nous leur demandâmes alors s'il y avait un problème, et ils nous répondirent que non, tout était correct. Ils ne vinrent pas pour autant de façon régulière. C'était frustrant pour nous. Nous avions mis tant d'énergie dans ce projet et ça ne se déroulait pas comme nous l'avions espéré.

La SG de Poing ne fut pas la seule à soutenir les activités avec les demandeurs d'asile, la TSV (l'association de gymnastique et de sport) de Poing aussi. Les jeunes Syriens de la Berliner Straße avaient commencé à jouer au football. Lorsque j'invitai le jeune Mehdi, un Kurde timide mais très poli, son visage s'illumina aussitôt et il me dit dans un mauvais anglais : « Tu es très gentille ! Merci. » C'était vraiment une perspective réjouissante pour lui de pouvoir jouer au football à Poing. De temps en temps, je demandais à l'entraîneur comment ça se passait avec lui, et il me répondait toujours que tout le monde aimait Mehdi. C'était une bonne nouvelle. Il faisait maintenant partie de l'équipe. Je me réjouis d'entendre ça. Je voyais Mehdi chaque mardi et jeudi lorsqu'il venait au cours d'allemand. Il était toujours ponctuel. J'étais heureuse de savoir que le football lui procurait un sentiment de liberté.

Un jour de mai, je reçus un message très poli de Mehdi sur WhatsApp. Il m'avisait qu'il ne pourrait venir au cours d'allemand et s'en excusait. Il avait dû se rendre chez son oncle. Je ne compris pas vraiment la dimension du message, mais quand je me renseignai auprès de ses colocataires, j'appris qu'il avait reçu une décision d'expulsion du gouvernement et qu'il devait retourner dans le premier pays européen où il avait mis le pied. Dans son cas, c'était la Hongrie. Mehdi ne voulait pas aller en Hongrie. C'est pourquoi il avait quitté Poing sans dire au revoir à personne. Il avait pris cette décision spontanément. C'est ce que l'avocat de son oncle lui avait conseillé. J'étais sous le choc, avais de la peine à y croire. Je l'avais vu encore la veille, et maintenant il était parti et tout ce qu'il me restait de lui était son adieu sur WhatsApp. Je communiquai avec son entraîneur de football pour l'informer de la situation. Lui aussi en fut choqué et attristé, comme nous tous. Il me dit que tous les membres de l'équipe voulaient faire quelque chose pour l'aider financièrement, mais qu'ils ne savaient pas comment s'y prendre. Ce soutien venant de l'équipe me toucha. Malheureusement, je dus expliquer à l'entraîneur que Mehdi avait déjà quitté Poing et que je ne savais vraiment pas où il se trouvait. Son oncle l'avait désormais pris en charge avec l'aide de son avocat. J'espérais seulement que tout irait bien pour lui.

Trois mois plus tard, lorsque j'envoyai un message WhatsApp à Mehdi pour prendre de ses nouvelles, il me raconta qu'il devait rester encore deux mois où il se trouvait, au terme desquels l'Allemagne lui accorderait l'asile.[14] Je lui

---

[14] Lorsque le BAMF ne peut établir ou prouver dans quel pays un réfugié a été auparavant, il enclenche la procédure d'asile. Cela vaut aussi pour les cas où le refoulement à la frontière dans l'État responsable du traitement de la demande en vertu du règlement de Dublin ne peut être réalisé dans les six mois suivants.

souhaitai beaucoup de chance dans ses démarches, car il en aurait besoin.

Ce n'étaient pas seulement les associations sportives qui commencèrent à s'ouvrir aux réfugiés : les jardins d'enfants et les écoles aussi. Ils étaient maintenant disposés à leur offrir des postes d'utilité publique. Le jardin d'enfants du centre familial demanda si un demandeur d'asile était prêt à aider en cuisine, à effectuer des travaux de jardinage et à jouer avec les enfants. Plus tard, ils eurent besoin d'un deuxième volontaire. L'école d'éducation spécialisée commença elle aussi à collaborer avec nous et la sous-préfecture. Elle proposa huit postes pour les demandeurs d'asile, qui étaient invités à se présenter une fois par semaine pour une durée de quatre heures. Comme toujours, la sous-préfecture paierait 1,05 euro de l'heure et les assurances. À mes yeux, cette collaboration était une étape importante pour l'intégration des réfugiés. D'autres institutions de la commune emboîtèrent le pas à l'école, dont la déchetterie. Même quelques commerces locaux, comme un commerce de boissons, étaient prêts à tenter l'expérience. De jour en jour, la glace fondait un peu plus, lentement mais sûrement. Chacun d'entre nous pouvait voir briller une lueur d'espoir à l'horizon.

IV Épisodes d'une autre réalité

Kamel

La première fois que je rendis visite aux gens de la Berliner Straße, ils n'étaient même pas là. Je frappai à la porte et attendis, mais personne ne vint. Je me tenais devant deux portes fermées et je me demandais si les nouveaux locataires de la maison pouvaient m'entendre. J'allai cogner à une fenêtre et essayai de les appeler. Après quelques minutes, je décidai de partir. C'est à ce moment-là que je les vis arriver, les mains pleines de sacs de provisions. Je me souvins alors que c'était mercredi et qu'ils étaient surement allés à la banque alimentaire pour obtenir de la nourriture. Ils se réjouirent de me voir et m'offrirent tout de suite du café. Je me présentai et leur expliquai en quoi consistait mon travail. Ils avaient l'air intéressés.

Kamel m'expliqua que sa femme était restée à Alep avec leurs trois jeunes enfants. Dès qu'il obtiendrait une autorisation de séjour, il les ferait venir. Mais il n'en était pas encore là. Kamel et Abdelali avaient été transférés à Poing après avoir séjourné à Grafing. Abdelali avait été à l'école là-bas et continuait d'y aller, même s'il vivait désormais à Poing. C'était tout un trajet de se rendre à l'école et d'en revenir, mais il finit par s'y habituer. Kamel me dit qu'il voulait travailler. À chacune de nos rencontres, il me disait la même chose. Il s'ennuyait et avait besoin d'une occupation. Après avoir envoyé des mails à des connaissances et leur avoir parlé, j'arrivai à trouver un travail pour Kamel, dans la cuisine d'un jardin d'enfants, tous les jours pendant trois à quatre heures. Il fut le premier à obtenir un emploi dans un jardin d'enfants. C'était un poste à 1 euro. Ce n'était pas un gros salaire, mais cela permettait à Kamel d'avoir une occupation quotidienne, une raison de se lever chaque jour et une petite entrée d'argent supplémentaire à la fin du mois. Au départ, tout se déroula très bien. Kamel était heureux d'aider dans la cuisine, d'éplucher et de couper des légumes et de préparer les repas.

Mais un jour, je reçus un mail du jardin d'enfants me demandant si Kamel allait bien. Il ne s'était pas présenté au travail depuis quelques jours et la direction se faisait du souci pour lui. Cette nouvelle m'étonna beaucoup. Je ne comprenais pas ce qui s'était passé. Pourquoi n'avait-il pas avisé le jardin d'enfants s'il était malade ? Je trouvais tout cela très étrange. Je demandai à son enseignante d'allemand s'il était venu au cours. Négatif. J'essayai donc de lui téléphoner et finis par le joindre via WhatsApp. Il m'apprit de très tristes nouvelles. Sa femme et ses enfants étaient toujours à Alep. Cette semaine, leur maison avait été détruite. Il tentait de les faire sortir de la Syrie, de trouver un endroit où ils pourraient rester. Son plan était de les faire venir ici en leur faisant emprunter le même chemin que lui. Il me dit : « Je suis désolé, mais je ne peux plus me concentrer au travail, je m'inquiète beaucoup trop pour ma famille. Je dois maintenant concentrer tous mes efforts pour les aider. » Cette information me ramena à la réalité, non pas la mienne, mais celle représentant le quotidien en Syrie. Là-bas, la guerre fait rage, et les civils en sont les victimes. La famille de Kamel n'attendait qu'une chose : son autorisation de séjour. Si sa demande était acceptée, Kamel pourrait faire venir sa famille avec l'aide du gouvernement allemand. Cette façon de faire serait beaucoup moins risquée que de traverser la Méditerranée.

Cependant, la demande de Kamel n'avait toujours pas été traitée. Cela prenait plus de temps que prévu. Six mois s'étaient écoulés, puis un an. Il n'avait toujours pas reçu de réponse. Lui et bon nombre de ses compatriotes avaient d'ailleurs fait grève pour essayer d'entamer une discussion avec le BAMF (Office de la Migration), en vain. Les employés du BAMF croulaient sous des piles de demandes. Pour améliorer le processus de traitement, on ajouta 300 employés aux 2 000 déjà en poste, mais le nombre de demandes avait doublé depuis l'année précédente. Cette augmentation d'effectif n'était pas suffisante pour influencer de façon significative la durée de traitement des demandes. Les migrants voulaient savoir le plus vite possible si leur demande était acceptée ou non. Ce qui leur importait surtout n'était pas tant de savoir si la réponse était négative ou positive, mais de savoir rapidement à quoi s'en tenir.

Comme les empreintes digitales de Kamel avaient été prises en Italie, le gouvernement allemand lui demandait de retourner dans ce pays. Pour pouvoir rester en Allemagne, il avait fait appel aux services d'un avocat. En raison de cette situation particulière, le traitement de sa demande prit encore plus de temps. En comparaison, « notre » première famille syrienne avait obtenu son statut de réfugiée beaucoup plus rapidement. La famille de Kamel était maintenant en danger et ce dernier ne rêvait que d'une chose : l'avoir enfin à ses côtés.

Je ne savais pas ce que je devais faire de son emploi pendant ce temps-là. Je lui demandai s'il voulait continuer à travailler ou s'il préférait prendre une pause pour un moment. Nous décidâmes qu'il serait mieux pour lui d'arrêter de travailler jusqu'à ce que sa famille soit en sécurité. Le jardin d'enfants était d'accord. Toute cette situation avait profondément bouleversé Kamel. Je lui rendis visite souvent pour voir comment il allait. Chaque fois qu'il me voyait, il parvenait à esquisser un sourire et me proposait du thé, mais il était toujours aussi déprimé et fatigué. Il ne s'était pas rasé depuis longtemps et il manquait manifestement d'heures de sommeil.

Pour faire venir sa famille en Europe, il avait besoin de 12 000 euros. Il nous raconta qu'il avait reçu 6 000 euros en vendant tout son or en Syrie. Il essayait maintenant de rassembler les 6 000 euros restants pour pouvoir financer le voyage. Cela s'avéra être très difficile. Il appela tous ses amis et tous ses parents pour leur demander de lui prêter de l'argent. Tout cela prit du temps. Je lui demandai pourquoi c'était si cher et il me répondit qu'il devait payer des visas, de même que les vols, qui étaient très chers. Et pour payer les passeurs, pensai-je.

Il fallut encore des mois pour que sa famille atteigne l'Europe. C'était terrible de savoir que sa famille était en route et d'entendre en même temps dans les nouvelles qu'un autre bateau de réfugiés avait coulé. C'était tout simplement l'horreur. Ils finirent par apparaître un jour en Allemagne. D'abord à Poing, après quoi ils furent hébergés dans un centre de premier accueil à Munich. Malheureusement, ils furent ensuite envoyés à Fürth, à environ trois heures de route de Poing – et donc de Kamel. Sa femme ne put supporter cette épreuve supplémentaire : elle tomba malade et dût être transportée à l'hôpital. Le plus jeune fils tomba lui aussi malade, il perdit l'appétit et ses cheveux tombèrent. Kamel, qui était obligé de rester à Poing, était hors de lui. Il ne pouvait rendre visite à sa famille qu'avec une autorisation de voyage, qui ne lui était accordée que pour quelques jours. C'était complètement absurde. Même lorsque sa femme était à l'hôpital, il ne put pas se rendre tout de suite auprès de ses enfants pour s'en occuper. Il devait d'abord attendre que sa demande de regroupement familial soit acceptée...

Il finit par obtenir l'autorisation, puis tout se passa très rapidement. Je reçus un message de remerciement via WhatsApp, puis je n'entendis plus jamais parler de lui.

Amadou

Amadou Sané était arrivé avec la deuxième vague de migrants. Il était jeune, très dynamique et celui avec qui j'avais la meilleure relation parmi les habitants du gymnase. Probablement parce qu'il me rappelait mon frère. Je lui accordais plus d'attention qu'aux autres. De l'extérieur, il semblait très fort, mais je savais qu'il était toujours un enfant à l'intérieur et c'est pourquoi je ressentis le besoin de le prendre sous mon aile. Il y a certaines choses qu'on ne s'explique pas. L'histoire d'Amadou me toucha, tout simplement. Il venait de la Casamance, une région dans le sud du Sénégal, située entre la Gambie et la Guinée, où la population se différencie du reste du pays en matière de religion et d'ethnicité. Son père, un rebelle, voulait qu'Amadou rejoigne lui aussi les rebelles. Le parrain d'Amadou l'aida toutefois à échapper à ce sort et à fuir le Sénégal. Ses deux frères n'eurent pas la même chance : ils furent tous deux tués durant la guerre civile.

Chaque fois que je demandais à Amadou s'il voulait me raconter son voyage, il me répondait toujours : « Bien sûr, sans problème. » Mais je sentais quand même qu'il n'aimait pas en parler. Il commençait toujours son histoire avec le mot « rebelle » et l'abréviation « MFDC », qui signifie « Mouvement des forces démocratiques de Casamance ». Il s'agit d'un mouvement dirigé par l'abbé Diamacoune Senghor qui s'oppose depuis 1982 au gouvernement sénégalais. Le MFDC exigeait l'indépendance de la Casamance. Le père d'Amadou était membre du MFDC et, pour lui, il allait de soi que ses fils prennent également part aux combats contre le gouvernement. Entre 1992 et 2001, on assista aux années les plus sanglantes du conflit : des milliers de personnes trouvèrent la mort et de nombreux Sénégalais durent fuir le pays. En décembre 2004, il y eut une tentative de négociation et de conciliation, mais le compromis fut rejeté par une partie du MFDC. Les combats se poursuivirent en 2010 et 2011, puis cessèrent avec l'élection du nouveau président Macky Sall en avril 2012. Fin 2012, le président Sall déclara que la région de la Casamance servirait de test à sa nouvelle politique de décentralisation. En 2014, le MFDC annonça un cessez-le-feu unilatéral, mais c'était encore loin d'être la paix. Après 32 ans de conflit, les différences entre les deux parties étaient encore énormes. Elles étaient toutefois prêtes à discuter et à trouver des solutions. Fin 2014, 52 800 personnes quittèrent la Casamance et 20 000 autres firent une demande d'asile auprès de la Gambie ou de la Guinée-Bissau. Ce n'est pas l'idée qu'on se fait de la paix.

Amadou m'expliqua que si son parrain ne l'avait pas pris en charge, il aurait dû combattre aux côtés des rebelles alors qu'il était à peine âgé de 15 ans. Son parrain s'occupa de tout organiser pour lui : il amassa l'argent nécessaire, trouva un contact et envoya Amadou en Europe. Âgé de 15 ans et livré à lui-même, Amadou laissa son pays et tout ce qu'il connaissait derrière lui. Il apprit vite à devenir un homme et à prendre soin de lui-même, démontrant des capacités de survie extraordinaires. Il n'avait que de vagues souvenirs de son voyage vers l'Europe. Il ne savait plus exactement par où il était passé. Il n'avait été qu'un passager parmi tant d'autres qui s'était contenté de suivre ses compagnons de fortune. Il se rappelait avoir traversé la Mauritanie et le Maroc en voiture. Au Maroc, il avait embarqué sur une pirogue pour atteindre l'Espagne (Carte 1 et Carte 2, pages 195 et 196). Je pense qu'il s'agissait plutôt d'un dinghy (une petite barque), mais peu importe. Une fois rendu en Espagne, un long, très long voyage l'attendait à travers l'Europe. Il mit près de deux ans à atteindre l'Allemagne. Il arriva ici à l'âge de 17 ans. Son père devint sûrement très en colère en apprenant qu'Amadou avait quitté le pays. Si jamais il devait retourner à la maison, il ne serait sans doute pas accueilli à bras ouverts. Un retour au pays était donc hors de question.

Amadou, dans sa naïveté, pensait que son arrivée en Allemagne signifierait la fin de son voyage. Son aventure était cependant loin d'être terminée.

Il faisait maintenant partie des 60 demandeurs d'asile que nous hébergions alors à Poing. Il partageait le gymnase avec 36 autres jeunes hommes venant de différents pays. Amadou était jeune, plein de vie et d'énergie, prêt pour un nouveau départ. Comme lui, la majorité de ces jeunes hommes avaient quitté leur terre natale deux ou trois ans auparavant et avaient voyagé de pays en pays sans avoir de plan précis. Ils ignoraient ce qu'ils cherchaient et où ils trouveraient leur bonheur. Ils étaient un peu comme des plumes volant au gré du vent. Ils espéraient simplement qu'un jour ils retrouveraient le calme, qu'ils s'installeraient quelque part et qu'ils pourraient commencer une nouvelle vie, trouver un travail et peut-être fonder une famille. C'était tout ce qu'ils souhaitaient. Planter leurs racines quelque part. Voilà leur rêve.

Un rêve qui devait malheureusement encore attendre. Une fois de plus, leur vie se mit sur pause. En Allemagne, il faut beaucoup de temps pour que les demandes d'asile soient traitées, de deux à trois ans selon le pays d'origine. Pendant ce temps, ils doivent encore une fois s'armer de patience. Et ce n'est qu'une poignée des demandes qui est acceptée.

Amadou se donnait beaucoup de mal pour apprendre l'allemand et il fut donc très heureux d'apprendre qu'il pouvait assister au cours d'allemand deux fois par semaine. Cela lui donna de l'espoir, l'espoir de pouvoir s'intégrer en Allemagne. Cela me faisait toujours incroyablement chaud au cœur de voir nos demandeurs d'asile arriver au cours en souriant. Surtout Foulah, un ami proche d'Amadou, qui arborait toujours un sourire. Peu importe ce qui se passait. Sa bonne humeur était contagieuse. Elle aidait les autres à mieux vivre leur situation délicate. J'étais très heureuse de voir autant de migrants participer à nos cours. Bien sûr, il y avait aussi des groupes qui ne faisaient que dormir et qui ne mirent jamais le pied dans un de nos cours.

Nous donnions désormais cinq cours par semaine à trois endroits différents : au centre familial, dans l'église évangélique et dans l'une des écoles du quartier.

Amadou se lia rapidement d'amitié avec son enseignante. Je lui expliquai que les professeurs jouaient un rôle très important et qu'ils lui offriraient leur aide s'il en avait besoin. Il n'avait qu'à demander, et c'est ce qu'il fit. C'était Hilda qui lui enseignait la langue allemande. Bientôt, ils devinrent très proches et prirent l'habitude d'aller prendre un café après le cours. Hilda qui était dans la fleur de l'âge, s'épanouissait sous mes yeux, elle devint une autre personne. Elle était plus heureuse et avait beaucoup plus d'énergie. Elle était toujours la première à donner son feu vert pour un nouveau projet. C'était comme si son amitié avec Amadou lui avait insufflé un vent de jeunesse : elle avait l'air d'avoir rajeuni de dix ans. Elle ne cessait de me confirmer la chose : « Carolina, ça me fait du bien, tellement de bien, tu sais ! » J'étais heureuse pour elle et aussi pour Amadou, qui avait trouvé une amie à qui se confier et qui était là pour lui, telle une mère. Ce n'est que plus tard que j'appris qu'il l'appelait vraiment « Maman ».

Bien sûr, Amadou avait aussi des amis au gymnase, et en fait partout où il allait. Il était très sociable, si bien que tout le monde le connaissait. Il se lia également d'amitié avec la majorité du personnel de sécurité, de qui il apprenait l'allemand. Dans le gymnase, Amadou s'entendait particulièrement bien avec Foulah. Bien que Foulah vienne de la Sierra Leone, Amadou et lui pouvaient s'entretenir en wolof. Le wofol est parlé au Sénégal, en Mauritanie et en Gambie. Je me demandais comment il se faisait que Foulah maîtrise cette langue. Probablement l'avait-il apprise lors de son voyage vers l'Europe, la route l'ayant fait passer par le Sénégal, la Mauritanie et la Gambie. En raison de leurs profonds liens d'amitié et de leurs longues discussions, j'avais toujours assumé que Foulah était Sénégalais. C'est pourquoi je lui parlais toujours en français au début, jusqu'à ce qu'il me dise un jour : « Pourrais-tu me parler en anglais s'il te plaît ? Je ne comprends pas un mot de français ! » Nous en rîmes de bon cœur. Foulah voulait lui aussi apprendre l'allemand le plus vite possible, même s'il lui était difficile de tout mémoriser et de se concentrer. Il était le seul à se servir d'un lecteur DVD pour écouter le CD de son livre d'allemand, et ce, à plein volume dans le gymnase. Je n'oublierai jamais Foulah. Et Amadou non plus. Ils étaient comme des frères. Ils avaient le même âge et étaient arrivés au même endroit en même temps. Ils ne se doutaient pas que cette situation allait bientôt changer.

Amadou me démontrait tous les jours qu'il était fiable et motivé pour travailler. Je finis donc par lui offrir le poste de Kamel au jardin d'enfants. Il s'en réjouit beaucoup. Comme cela faisait longtemps qu'il cherchait un emploi sans succès, il était tout simplement heureux d'avoir un job, même à 1,05 euro de l'heure.

C'était intéressant de voir à quel point l'attitude des demandeurs d'asile par rapport aux jobs à 1 euro pouvait être différente. Certains se réjouissaient à l'idée de travailler et voyaient cela d'un très bon œil, alors que d'autres ne faisaient que s'en plaindre. Amadou était très optimiste. Je savais que c'était une bonne occasion pour lui de s'intégrer dans la commune. C'était un premier pas.

Tout se passa très rapidement. Dès le jour suivant, nous avions un entretien avec la chef cuisinière du jardin d'enfants. Je passai chercher Amadou un peu avant neuf heures. Dans la voiture, il me dit en français qu'il y avait un problème. « Quel genre de problème ? », lui demandai-je. « Et bien voilà : j'ai reçu une lettre, regarde par toi-même. » Je m'arrêtai et lus la lettre. Une fois chose faite, je redémarrai la voiture et nous nous rendîmes au jardin d'enfants. Je me garai et lus encore une fois la lettre. Amadou devait être transféré ailleurs, de même que quatre autres jeunes hommes. Je ne savais pas que faire. J'étais sans voix et me sentais affreusement seule. Je finis par dire : « OK, allons quand même à l'entretien et j'appellerai la sous-préfecture après. Ne parle pas de cette lettre à la chef cuisinière. » Nous sonnâmes et une gentille dame nous ouvrit la porte. Je lui expliquai que nous avions rendez-vous auprès de Mme Zahl. Elle alla voir où elle était et la trouva dans son bureau. Lorsqu'elle nous en informa, je pus discerner un accent britannique dans son allemand. « Vous êtes Anglaise, n'est-ce pas ? », demandai-je en anglais. « Oui, et vous, Française, j'imagine ? » Nous nous mîmes tous à rire. Pas toujours besoin d'aller très loin pour se retrouver en contexte international !

Mme Zahl nous expliqua qu'Amadou pouvait commencer à travailler dans un autre jardin d'enfants à partir de lundi.

Quatre heures par jour, du lundi au vendredi. Un bon point de départ. L'entretien ne dura pas plus de 15 minutes. Nous devions ensuite nous rendre à l'autre jardin d'enfants en question afin qu'Amadou puisse se familiariser avec son nouveau milieu de travail.

Aussitôt sortie de l'immeuble, j'appelai la sous-préfecture pour clarifier la situation. Amadou venait d'obtenir un poste dans un jardin d'enfants. Il devait commencer dès lundi. Malheureusement, il avait reçu une lettre de transfert. Je demandai s'il était possible pour lui de rester à Poing en raison de son nouveau travail. La réponse était on ne peut plus claire : non. Il aurait pu rester à Poing si la sous-préfecture avait reçu la description du poste avant que le transfert ne soit organisé. Maintenant, il était trop tard. De plus, en déménageant, Amadou aurait de meilleures conditions de vie : un logement qu'il partagerait avec un ou deux jeunes compatriotes, équipé d'une cuisine et d'une salle de bain. C'était bien mieux que de vivre dans un gymnase avec 37 autres hommes de toutes les nationalités. Nous eûmes une longue discussion. Amadou voulait rester à Poing malgré tout. Il savait qu'ici, il aurait des gens qui l'aideraient. Il voulait rester dans le gymnase, même si les conditions de vie n'y étaient pas convenables pour un séjour de longue durée. C'était à lui que revenait la décision, pensai-je. Eh bien non. « Nous ne pouvons pas exaucer les souhaits de tout un chacun », me dit l'employée de la sous-préfecture. « Nous avons tant de cas à traiter. » Je n'abandonnai pas et continuai d'argumenter. Elle finit par dire : « Peut-être devriez-vous parler avec mon patron. Il n'est pas ici en ce moment, mais vous pourrez le joindre dans une heure. Ne fondez toutefois pas de trop grands espoirs là-dessus. »

Je ramenai Amadou au gymnase. Les agents de sécurité étaient là et remarquèrent que je n'étais pas de très bonne humeur. Comme ils avaient appris à me connaître au fil du temps, ils m'offrirent une tasse de café et je leur expliquai la situation d'Amadou. Ils étaient déjà au courant et avaient aussi pris l'initiative d'appeler la sous-préfecture avant moi. Eux aussi étaient un peu en colère. À la suite de cette discussion, je décidai de me rendre au deuxième rendez-vous avec Amadou. En chemin, je parlai avec le chef de la sous-préfecture. Après moins d'une minute, j'avais déjà perdu tout espoir. Il m'expliqua qu'il n'y avait aucun moyen de laisser Amadou au gymnase. Le gouvernement avait l'obligation de transférer les migrants habitant dans le gymnase le plus vite possible. Ils ne pouvaient pas y rester longtemps, ce n'était qu'une solution transitoire. C'était ainsi et on ne pouvait rien y changer. Même si Amadou avait obtenu le travail avant que le transfert ne soit organisé, cela n'aurait rien changé à la situation.

Je jetai l'éponge. Que pouvais-je faire pour qu'Amadou reste dans le gymnase alors que les conditions de vie n'étaient pas formidables ? Je me battais contre la sous-préfecture, qui avait trouvé un meilleur logement pour Amadou. Il y aurait sûrement un réseau de bénévoles dans sa nouvelle commune qui faisait un travail semblable au nôtre.

Amadou ne comprit pas pourquoi il n'avait pas le droit de rester. À Poing, il avait fait la connaissance de gens qu'il aimait et qui étaient devenus ses amis. Quelques fois par semaine, il se rendait à la salle de gym. Il avait réussi à trouver un certain équilibre, un équilibre intérieur, chose à laquelle il n'était pas parvenu depuis longtemps. Il ne voulait pas partir. La situation me rendait triste, moi aussi. Lorsque j'en informai Hilda, son enseignante, elle se mit en colère. Malheureusement, nous ne pouvions qu'accepter la réalité.

Pour Amadou, ce fut extrêmement difficile de constater que ses amis n'étaient pas transférés au même endroit que lui.

Surtout son ami, Foulah, de la Sierra Leone. La stratégie de la sous-préfecture était de rassembler les réfugiés de même nationalité. Comme Amadou était le seul Sénégalais du groupe, il fut envoyé dans un logement où vivaient d'autres Sénégalais qu'il ne connaissait pas et avec qui il ne se lia jamais vraiment d'amitié.

Amadou passa sa dernière journée à Poing avec Hilda. Elle me raconta plus tard qu'il avait pleuré. Après tout, c'était un jeune homme qui avait besoin de sa mère, mère qui n'était évidemment pas ici. À Poing, il avait trouvé une mère en Hilda. À Poing, il avait trouvé l'amour dont il avait tant eu besoin pendant son long voyage. Et maintenant, on le lui enlevait. Un choc. Un choc terrible. Pas un choc culturel, mais émotionnel.

À la fin, Amadou fut transféré à Zorneding, à huit kilomètres de Poing, ce qui n'était quand même pas la fin du monde. Malgré tout, je ne le revis jamais. Même s'il revenait régulièrement à Poing pour revoir Hilda. Ces deux-là restèrent très proches.

Ibrahima

De nombreux réfugiés s'inquiétaient beaucoup au sujet de leur avenir. Chez certains, cette incertitude causa de l'insomnie et provoqua une dépression. Ils avaient donc besoin de médicaments pour arriver à se détendre un peu. C'était le cas d'Ibrahima. Il s'était lié d'amitié avec Majid, probablement parce que tous deux venaient de la Sierra Leone. Bien qu'ils ne se fussent pas rendus en Allemagne ensemble, ils étaient devenus amis à force de subir les mêmes transferts.

Lors d'une de mes visites au gymnase, Ibrahima vint à ma rencontre.

« Tu voulais me parler ? », me demanda-t-il.

« Oui, j'ai su que tu avais été à l'hôpital. Je voulais seulement savoir comment tu allais. »

« J'avais des problèmes d'estomac. Mais maintenant je vais mieux. »

D'habitude, lorsque les réfugiés parlent de l'hôpital, il n'est pas nécessairement question d'un hôpital, il s'agit parfois d'un simple cabinet médical. Dans son cas, je n'étais pas certaine, mais ça n'avait pas d'importance. Il allait mieux, c'était l'essentiel.

Malgré tout, Ibrahima semblait inquiet. Il se mit alors à me parler en français. La langue officielle de la Sierra Leone est l'anglais, mais comme Ibrahima avait passé un long moment dans les pays francophones d'Afrique, son français était bon.

« Tu sais, je n'arrive pas à dormir la nuit. Je me fais du souci. Je me demande ce que je dois faire de ma vie. J'ai 25 ans. Je ne peux pas retourner dans mon pays, parce que mon oncle veut ma mort. Mais je ne peux pas non plus rester dans ce gymnase éternellement. Quelle est la solution ? Je ne suis pas venu ici pour des raisons financières. Je suis uniquement venu pour sauver ma vie. Que dois-je faire maintenant ? »

Quelques réfugiés s'étant rapprochés pour me demander conseil remarquèrent, même s'ils ne parlaient pas français, que notre conversation était sérieuse et qu'elle allait prendre du temps. Ils s'en allèrent donc un après l'autre pour donner un peu d'intimité à Ibrahima. J'estimai beaucoup ce geste. Ibrahima avait un besoin urgent de s'exprimer. Il se trouvait dans un état dépressif et avait besoin que quelqu'un l'écoute. Je le laissai simplement parler. Je pouvais voir de l'inquiétude dans ses yeux. Il avait l'air d'être perdu au milieu d'un grand océan. Je comprenais qu'il se sentait seul sur ce continent qui lui était inconnu, n'ayant personne à qui se référer et ne connaissant pas les règles du jeu. Je pense qu'il aurait préféré tout abandonner. Puis, il ajouta : « Je vais partir d'ici. Mes amis me disent que je ne devrais pas faire ça. Mais quelle autre option ai-je ? Je ne peux tout de même pas rester ici pour le reste de mes jours. Combien de temps prendra le traitement de mon dossier ? Vais-je avoir l'autorisation de rester dans ce pays ? Vont-ils m'accorder une autorisation de séjour ? » Il ignorait ce que moi je savais déjà : seulement 0,2 pour cent des migrants de la Sierra Leone obtiennent le statut de réfugié en Allemagne. Mais je ne pus me résigner à lui communiquer une telle information à ce moment-là. Il était déjà si découragé que je ne voulais pas empirer la situation. Je me contentai donc de hocher de la tête, et il me raconta son histoire, ce qui s'était passé en Afrique et pourquoi il avait dû s'enfuir. Au départ, ce fut un flot de paroles pêle-mêle. Je dus lui poser de nombreuses questions, parce que je n'étais pas en mesure d'associer les noms aux personnes dont il était question. Après un moment, il se calma et l'histoire devint plus claire.

Après la mort de son père, Ibrahima était destiné à reprendre l'entreprise familiale, un commerce de diamants secret et illégal. Une entreprise qu'il partageait avec son oncle. Il était jeune lorsque son père mourut. Son oncle était toutefois âpre au gain et voulait avoir l'entreprise pour lui tout seul. Un jour, un bon ami de son père, qui travaillait lui aussi pour la famille, révéla à Ibrahima les intentions de son oncle : « Tu es encore un enfant, Ibrahima, c'est pourquoi j'essaye maintenant de t'aider. Je dois t'avertir. Ton oncle veut te tuer. Fais attention à lui, il a beaucoup de pouvoir. Peut-être devrais-tu disparaître pendant un moment. Je ne voudrais pas qu'il t'arrive quelque chose. » « Je ne savais plus ce que je devais faire. J'avais le sentiment de ne plus pouvoir faire confiance à personne. Mais comme cet homme était un très bon ami de mon père, je n'avais aucune raison de ne pas le croire. Cet homme voulait m'aider », poursuivit Ibrahima.

« J'ai donc dû prendre mon destin en main. Je me suis rendu chez mon oncle. À mon arrivée, il était absent. Je savais où il gardait ses diamants. J'en ai pris un gros et j'ai pris la fuite. Un ami de mon père m'a ensuite mis en contact avec un Blanc. Je ne le connaissais pas. Je savais seulement que je devais lui faire confiance. Il était le seul à pouvoir m'aider à sortir du pays. Je ne pouvais pas rester, je savais que mon oncle allait me tuer s'il me trouvait. J'étais en danger. En grave danger. Le Blanc m'a aidé à fuir le pays. Ensemble, nous avons voyagé de la Sierra Leone au Ghana, puis vers l'Europe. Les préparatifs pour obtenir les billets d'avion et les visas ont pris beaucoup de temps. Je ne suis pas arrivé ici par bateau, je suis arrivé légalement en Allemagne, j'ai pris l'avion et j'avais un visa. Le Blanc ne m'avait pas expliqué son plan en détail. J'étais certain qu'il avait un plan pour moi, mais il n'en a jamais parlé. Il m'a aidé parce qu'il a gagné un peu d'argent en vendant le diamant que je lui avais donné. Nous sommes arrivés en Allemagne. Je crois que nous avons atterri à Francfort. Puis, je me souviens avoir pris le train. Le trajet a été long. Nous sommes arrivés à un endroit quelconque, mais je ne peux pas te dire lequel, parce que le nom ne me disait rien. J'ai fait savoir que j'avais faim, alors nous sommes allés à un restaurant de la gare. Nous avons mangé en silence. J'étais heureux de manger. Je savourais mon repas. Une fois que nous avions terminé, le Blanc a dit : "Attends ici, je vais appeler un taxi." Je suis donc resté où j'étais et j'ai patienté. Une heure s'est écoulée. Puis une autre. J'ai commencé à m'inquiéter. Où était passé le type ? J'ai attendu et attendu, jusqu'à ce que je ne puisse plus rester dans le restaurant parce que c'était l'heure de la fermeture. L'homme avait disparu et n'allait pas revenir. C'est ainsi que je me suis retrouvé dans ce pays, une petite valise à la main, sans argent et sans passeport, le Blanc étant parti avec lui. Non seulement j'avais perdu ma patrie, mais je m'étais aussi fait voler mon identité.

Bien sûr, il m'a aidé à venir en Europe. Mais c'est tout ce qu'il a fait pour moi. Au moins, je savais que j'étais en Allemagne. Je ne pouvais cependant pas parler un mot d'allemand. Je me suis donc encore retrouvé dans une situation où je ne savais pas ce que je devais faire. J'ai attendu dans la rue. La nuit était très noire. J'ai attendu jusqu'à ce que je voie un Noir descendre la rue. Je suis allé à sa rencontre pour lui demander de l'aide. Je ne savais plus quoi faire. Je ne savais vraiment pas. L'homme m'a dit que je ne pouvais pas rester chez lui, mais qu'il me mènerait à la police ou à un endroit qui aide les demandeurs d'asile. Je ne voulais pas aller voir la police et je n'avais pas l'impression d'être un demandeur d'asile. Je pensais que le Blanc avait un plan pour moi. Je ne lui avais pas posé beaucoup de questions parce que je lui faisais confiance. Je lui avais pourtant donné l'énorme diamant.

C'est à ce moment-là que j'ai réalisé que j'étais seul en Europe et qu'une demande d'asile constituait ma seule chance d'y rester. L'homme noir m'a amené à un hébergement pour demandeurs d'asile et c'est ainsi qu'a commencé mon voyage à travers l'Allemagne. » Ibrahima prit une longue inspiration pendant quelques secondes, puis il poursuivit : « À mon arrivée à Ebersberg, j'ai raconté cette histoire à l'employée de la sous-préfecture, mais ça n'a pas eu l'air de trop l'intéresser. Les employés m'ont dit que je n'avais qu'à retourner chez moi si je n'étais pas satisfait des conditions ici. Mais comment est-ce que je pourrais bien revenir dans mon pays ? »

Je plongeai mon regard dans le sien. Je pus y lire de la peur, de la tristesse et du désespoir. Il n'allait psychologiquement pas bien. Je lui dis : « Tu sais, je n'ai pas le pouvoir de prendre des décisions. Je ne peux pas te dire si ta demande en Allemagne sera acceptée ou non. C'est hors de mon contrôle. Je suis seulement responsable d'organiser les cours d'allemand à Poing. Ce que je peux t'offrir, c'est d'être là pour t'écouter et discuter avec toi. Je ne peux pas faire plus. »

Puis, je dus aller chercher mes enfants.

Chaque fois que j'entendais de telles histoires, je ne savais pas ce que je devais dire. Je me sentais impuissante. Que pouvais-je bien faire ? Dans ma situation, je ne pouvais qu'offrir une oreille attentive et donner un peu d'espoir à la personne qui se confiait à moi. Je ne voyais moi-même pas de solution. Quels conseils pouvais-je donc bien donner ?

Bhata

En mars et en avril 2015, je rendais régulièrement visite à Amadou et à tous les autres du gymnase. Ils formaient une bande sympathique et nous pouvions tous les jours apprendre un peu les uns des autres. Parfois, Amadou m'invitait à déjeuner. Il arriva aussi une fois qu'un jeune homme d'Érythrée partage son assiette avec moi. Les agents de sécurité étaient eux aussi très gentils et m'offraient du café à chacune de mes visites. Je me sentais vraiment la bienvenue au gymnase.

À cette époque, j'investissais énormément d'énergie dans le projet pour les demandeurs d'asile. J'essayais d'établir des contacts avec les entreprises locales, du centre de jardinage à la résidence pour personnes âgées, afin de trouver des emplois à nos migrants. C'était un défi de taille, et je ne réussis pas tout de suite. À mes yeux, il était important d'attirer l'attention des habitants de Poing sur la situation des demandeurs d'asile. J'espérais ainsi arriver à leur ouvrir un peu les yeux. L'Allemagne accueillait désormais des milliers et des milliers de réfugiés et ce n'était pas près de changer. La population devait en prendre conscience et apprendre à gérer la situation. Mais cela aussi demandait du temps.

Après deux mois et demi, le premier transfert de ces réfugiés habitant le gymnase eut lieu. Douze hommes durent quitter le gymnase. Je n'en avais été informée que quelques jours à l'avance, et je ne savais pas où ils seraient envoyés. Puis, j'appris que Bhata, un des Érythréens, devait déménager. Cette nouvelle m'attrista. Les agents de sécurité venaient de m'annoncer la chose lorsque Bhata passa devant moi. Je le regardai d'une telle façon qu'il se douta, voire qu'il sut que je lui cachais quelque chose. Il devait avoir vu dans mon regard que quelque chose s'était passé. Il dit simplement : « Je sors fumer une cigarette. » Je ne pouvais pas tout bonnement le laisser s'imaginer les pires scénarios. Je dis à la sécurité que je devais lui raconter ce qui avait été décidé. De toute façon, il l'apprendrait par la voie officielle l'après-midi, soit quelques heures plus tard. Je le rejoignis donc à l'extérieur pour lui parler. Je dis simplement : « Écoute, Bhata, je dois te dire quelque chose. Tu fais partie de ceux qui doivent partir cette semaine. C'est une bonne nouvelle. Tu auras ta propre chambre dans une maison, dans un village pas très loin d'Ebersberg. Tu n'auras plus besoin de partager un gymnase, deux toilettes et deux salles de bain avec 36 autres personnes. » Je lui racontai tout ça en souriant. À l'intérieur, j'étais toutefois malheureuse. C'était tout un paradoxe : d'un côté, c'était une bonne chose pour Bhata de déménager, les conditions de vie au gymnase n'étant pas les meilleures. De l'autre côté, c'était triste de perdre des gens qu'on avait appris à connaître. De plus, ce n'était pas si facile pour les migrants de quitter cet environnement tout juste devenu familier, de faire une fois de plus leurs bagages et de repartir vers l'inconnu. Pour ma part, j'étais triste de les voir partir, particulièrement ceux avec qui j'avais noué des liens. J'aimais bien Bhata. C'était un bon gars. Il avait éprouvé de telles difficultés en Afrique ; aujourd'hui il aspirait seulement à mener une meilleure vie ici en Europe. C'était un jeune homme intelligent qui avait étudié à l'université et qui avait essayé de démarrer son entreprise au Soudan du Sud. Mais le sort s'était acharné sur lui. Je lui souhaitais vraiment qu'il puisse s'installer en Allemagne. J'étais certaine qu'il apporterait sa contribution à la société si on lui donnait la chance de le faire.

Récemment, un père marocain avait été interviewé à la télévision et expliquait qu'il ne pouvait pas comprendre pourquoi son fils voulait tenter sa chance en Europe : « Mon fils n'est pas arrivé, dans son propre pays, dans un environnement familier, celui dans lequel il a grandi, à avoir du succès ou à se trouver un travail décent. Quelles sont les chances qu'ils réussissent à l'étranger, sur un autre continent, dans un pays où il ne parle pas la langue nationale, ignore comment fonctionne le système et ne connaît personne qui puisse l'aider ? Comment peut-il être aussi optimiste et penser qu'il s'en sortira ? »

Et malgré tout, les migrants arrivent en grand nombre. Animés uniquement par l'espoir et la volonté inébranlable de survivre et de réussir leur vie. Peu importe le travail. Ils sont prêts à tout pour se bâtir une nouvelle vie, pour atteindre une stabilité et se faire de nouveaux amis. Et un jour, ils se réveillent et se disent : « Waouh ! J'ai réussi ! Je m'en suis vraiment sorti ! »

Bhata et moi avions une bonne relation. Nous prenions toujours plaisir à discuter ensemble lorsque je le croisais au gymnase. Nous parlions longuement, c'était un penseur et un rêveur. Je pouvais m'entretenir avec lui parce que son anglais était bon. Cela montrait bien qu'il avait étudié.

Lorsque je lui racontai qu'il faisait partie des douze hommes concernés par le transfert, il me dit : « Mais Carolina, ma sœur, je ne veux pas partir. Je ne veux pas quitter Poing. Les gens sont gentils ici. Tu es sympa avec nous. Tu es pour moi comme une mère, une sœur, une amie. Tu es tout ça en même temps. En plus, tu me comprends. Et pas seulement moi. Tu comprends aussi les autres. Tu sais ce que j'ai vécu et d'où je viens. La majorité des gens ne sont pas comme toi. Ils ne s'intéressent pas à nous comme toi tu le fais. Là où je suis transféré, je ne trouverai personne comme toi. Lorsque tu parles, tu le fais avec ton cœur. Je le sais, parce que je le sens. Et c'est beau. »

Je fus touchée par ses paroles. Je ne savais pas comment réagir ni que dire. Je restai simplement silencieuse. Je comprenais ce qu'il voulait dire. Et ça me confirmait que tout mon travail n'avait pas été inutile. Mon aide avait atteint ceux qui en avaient besoin. Même si j'avais toujours l'impression de ne pas faire assez. J'étais présente pour parler avec eux et les écouter. J'étais présente pour passer quelques appels rapides, régler des affaires auprès de la sous-préfecture ou expliquer quelque chose à la sécurité, bref, pour faciliter un peu la vie de ces jeunes hommes. Mon aide était appréciée. De constater cela me fit énormément de bien.

C'est ce genre de moments qui me rappelaient pourquoi j'avais lancé le projet à la base. Ils étaient le fruit de mon travail. Je crois qu'ils contribuent également à rendre notre monde plus fort et plus doux.

Je mis la main dans ma poche de pantalon et touchai le porte-clés que j'avais rapporté de Grande-Bretagne. Mon mari et moi avions passé les vacances de Pâques là-bas et je n'avais acheté qu'un petit souvenir que je voulais offrir à quelqu'un. Je n'avais toutefois pas encore décidé à qui je le donnerais, et c'est la raison pour laquelle je l'avais toujours sur moi. J'avais pensé en faire cadeau à une de mes amies ou à un des jeunes hommes du gymnase. C'était maintenant le bon moment. Je savais à qui je voulais l'offrir. Il était destiné à Bhata. Ce n'était rien de très spécial, juste un souvenir de Londres. Je pris le porte-clés et le donnai à Bhata. Il savait que j'avais été là-bas. J'ajoutai que j'espérais que ce souvenir lui apporte du bonheur et lui donne de la force pour son voyage en Europe, un voyage qui n'était pas près de se terminer. « J'espère qu'il t'aidera à réaliser tes rêves. » Il me regarda en souriant. Il était un peu étonné. Ses yeux semblaient vouloir lire à l'intérieur de mon âme. « Ma chère Carolina, merci. Un cadeau de Londres... Je vais toujours le garder sur moi. Merci. J'espère que nous nous reverrons. » Il n'avait pas besoin de dire plus. Tout avait déjà été dit à un autre niveau.

J'étais triste et j'avais envie de pleurer. Je ne sais pas vraiment pourquoi. Je ne le connaissais pas très bien, mais un lien étroit nous unissait quand même. Une connexion que je ne peux pas expliquer. Bien que j'eus envie de pleurer, je n'en fis rien. Ce n'était ni le bon moment ni le bon endroit pour cela. C'était comme si Bhata et moi nous étions déjà rencontrés dans un autre pays ou une autre vie, comme frère et sœur ou quelque chose dans le genre. Ça me faisait tout drôle. Même si je ne le revis jamais, il resta quelques temps dans mes pensées, ce jeune homme qui avait encore un long chemin devant lui.

Kamara

Avec la nouvelle vague de réfugiés à Poing arriva un demandeur d'asile qui était moins stable que les autres. Nous ne l'avions encore jamais rencontré, mais les agents de sécurité nous avaient déjà avisés de la situation. Un jour, alors que je relaxais à la maison, je reçus un message WhatsApp de Hilda :

Notre homme aux dreadlocks s'appelait Kamara. Il venait de la Sierra Leone. Je ne savais pas ce qui lui était arrivé ou ce qu'il avait vécu par le passé, mais ce devait être assez grave à en voir son comportement et la manière dont il communiquait avec les autres. La première fois que je visitai nos « nouveaux » jeunes hommes, je fis également la connaissance de Kamara. Je l'informai de l'existence des cours d'allemand. Pendant que je lui parlais, il devint agité et me dit qu'il n'avait pas de temps pour cela. Il était occupé et il n'avait pas non plus le temps de me parler en ce moment, parce qu'il était en train de cuisiner. Sur ce, il s'en alla. Les autres locataires du gymnase m'expliquèrent qu'il avait des problèmes. Il n'allait pas bien. Il criait parfois la nuit. Ils compatissaient à son malheur, mais ne pouvaient malheureusement pas faire grand-chose pour lui. Il était évident qu'il avait des problèmes psychologiques et que seule une thérapie pourrait l'aider à surmonter son traumatisme. Il avait besoin d'un encadrement particulier, d'un psychologue professionnel, et peut-être même plus. Chose que nous ne pouvions lui offrir par manque de temps et de moyens. Il n'aurait pas dû pouvoir se promener en toute liberté, tout seul, sans personne pour s'occuper de lui. Il pouvait constituer un danger pour lui-même et pour les autres.

J'en parlai aux autres bénévoles et à la sous-préfecture, mais on me donna pour seule réponse qu'il était adulte et qu'il devait prendre ses propres décisions. Nous ne pouvions pas l'obliger à faire quoi que ce soit. Je suis certaine qu'il n'était même pas conscient qu'il avait un problème. Je me demandais comment il était même parvenu à se rendre jusqu'en Allemagne. En tout cas, il était maintenant ici, dans un pays étranger, seul à s'occuper de sa demande d'asile. Il était fréquent de le croiser dans notre centre commercial. Il allait et venait devant la librairie en se parlant à lui-même. Ce n'était qu'une habitude inquiétante parmi tant d'autres.

Mon histoire avec Kamara ne s'arrêta pas là. Lors d'une de mes habituelles visites au gymnase, un incident concret se produisit. L'un des gardiens m'expliqua qu'il devait envoyer travailler un groupe de migrants dans une demi-heure. Je lui demandai si tout le monde avait été averti et était prêt. Comme il ne connaissait pas très bien les nouveaux et qu'il n'était pas encore en mesure d'associer noms et visages, je décidai de lui donner un coup de main. Je ne voulais pas que les hommes aient des problèmes avec la sous-préfecture ou même qu'ils se voient refuser leur argent de poche mensuel. Le premier sur la liste était Kamara. Le fameux Kamara Massi qui mangeait de la nourriture pour chiens et qui se parlait souvent à lui-même devant la librairie. Je ne pouvais pas y croire. Comment les employés de la sous-préfecture pouvaient-ils s'attendre à ce qu'il aille travailler ? Ils savaient pourtant qu'il avait des problèmes psychologiques. J'allai quand même le voir pour lui expliquer la situation. La nouvelle ne lui plut pas et il se mit tout de suite à parler de ses droits. Nous devions respecter les droits de l'homme et nous ne pouvions pas l'obliger à travailler ou à faire quelque chose qu'il ne voulait pas. Il y avait des lois qui le protégeaient du travail forcé. Je lui répondis simplement que ce n'était pas moi qui avais établi les règles du pays et que j'essayais seulement de les lui expliquer en amie. Je crois qu'il me prenait pour une représentante du gouvernement ou de la sous-préfecture. Il ne savait pas exactement qui j'étais. La sous-préfecture n'obligeait évidemment personne à travailler. Les hommes avaient droit à un salaire et à une assurance, ils n'étaient pas exploités par le gouvernement. De plus, le gouvernement leur versait plus de 300 euros par mois en argent de poche.[15] Ils n'avaient pas de loyer à payer ni de

____

[15] Lorsqu'un ayant droit célibataire habite dans un centre d'accueil pour demandeurs d'asile, il peut, en vertu de l'article 3, paragraphe 1 de la loi concernant la procédure d'asile, prétendre à une prestation en espèces de

factures à régler, et ils pouvaient obtenir gratuitement de la nourriture à la banque alimentaire à raison d'une fois par semaine. Ce n'était pas exagéré de leur demander de travailler quelques heures de temps en temps en échange d'un salaire. C'est ce que j'essayai de lui expliquer. C'était inconcevable pour lui. Il s'en alla sans dire un mot. De mon côté, j'oubliai cet incident par la suite.

Ensuite, je discutai avec d'autres personnes du gymnase. Alors que j'étais assise sur une chaise en train de parler avec Mulonga, un réfugié de 58 ans de la Zambie, j'entendis un concert de protestations derrière moi. Je me retournai pour constater que toute cette colère s'adressait à moi. C'était Kamara Massi. Pour lui, notre conversation n'était pas encore terminée. Il était revenu me voir pour m'exposer encore une fois ses arguments. Il commença un long monologue sur les droits de l'homme, sur la façon dont l'Allemagne et l'Europe exploitent l'Afrique, sur l'esclavage et sur le fait que les conditions de vie ici dans le gymnase étaient tout sauf décentes. C'était une situation étrange : il m'accablait de reproches sans que je puisse répliquer quoi que ce soit. Je le laissai donc parler en espérant désamorcer la situation. Je ne pouvais pas placer un mot. Il ne faisait aucune pause entre ses phrases, il ne me laissait pas l'occasion de dire quelque chose. Il avait l'air vraiment furieux. Dès que j'essayais de prononcer un mot, il me coupait la parole. C'était très frustrant. J'y parvins à un moment donné : « Écoute, commençai-je, je suis ici en tant qu'amie. Je ne travaille pas pour le gouvernement. »

---

135 euros pour subvenir à ses besoins personnels fondamentaux. Dès qu'il est transféré dans un logement à l'extérieur du centre d'accueil, il reçoit une prestation supplémentaire de 219 euros pour subvenir à ses besoins personnels fondamentaux, en vertu de l'article 3, paragraphe 2 de la loi concernant la procédure d'asile, basée sur les taux réguliers prévus par la loi Hartz IV (aide sociale). Une fois sortis du centre d'accueil, les demandeurs d'asile doivent assumer le coût et la préparation de leurs repas.

Je m'en tins à cela. Soudain, il s'approcha de moi. Il était trop proche à mon goût. Il avait pénétré dans mon espace personnel. Il parlait si fort et de façon si agressive que je commençai à avoir peur qu'il me frappe. S'il en venait aux coups, cela ferait très mal. Je voyais tant de haine sur son visage et tant de violence dans ses gestes. J'avais peur et me sentais impuissante. Que pouvais-je faire ? Ma seule arme était les mots, mais je n'arrivais pas à m'en servir dans la situation présente. Il y avait devant moi un homme qui pouvait exploser à tout moment alors que j'étais assise sur ma chaise sans vraiment comprendre ce qui était en train de se passer. J'étais arrivée au gymnase de bonne humeur. Partie, la bonne humeur. À un moment donné, le garde se dirigea vers nous pour venir se placer derrière moi. J'étais soulagée qu'il soit venu, mais je me sentais quand même encore impuissante. J'aurais préféré qu'il se place entre nous deux. Quelques migrants s'approchèrent également pour voir ce qui se passait et découvrir la source de tout ce vacarme. Ils nous observaient toutefois d'une certaine distance.

Au bout d'un moment, Mulonga me dit d'un air très british: « Madame, vous savez que nous estimons beaucoup votre engagement et vos efforts. N'écoutez pas ce que cet homme dit. » Je pense qu'il était irrité que Kamara ait interrompu notre conversation. Mulonga eut une attitude très terre à terre par rapport à la situation. Il n'avait pas l'air de craindre Kamara le moins du monde. Il le regarda comme pour lui dire : « OK, tu as terminé maintenant ? Nous sommes au beau milieu d'une discussion. Peux-tu s'il te plaît partir ? » Kamara s'en alla brusquement. Il se retourna une dernière fois vers moi et me dit : « Ne viens plus jamais me parler. » Il y avait encore une fois tant de haine dans ses yeux et tant de violence dans leur mouvement. Je ne comprenais vraiment pas pourquoi il avait réagi ainsi. Il était ici depuis trois mois et m'avait vue chaque semaine lors de mes visites au gymnase, lorsque j'essayais d'apporter de l'aide et lorsque j'affichais des renseignements au mur, bref, lorsque j'essayais de faciliter la vie des résidents. Comment pouvait-il me percevoir comme une « ennemie », moi qui étais venue en tant qu' amie ?

Puis, Mulonga me demanda, comme si rien ne s'était passé : « Pouvez-vous m'aider s'il vous plaît ? J'ai besoin de ce livre. » À l'intérieur, je tremblais, mais je réussis quand même à n'en rien laisser paraître. J'avais envie de pleurer, mais le gymnase n'était pas l'endroit idéal pour une crise de larmes. Je pris une profonde inspiration et lui demandai un bout de papier. J'écrivis le titre du livre et le nom de la maison d'édition. Puis, je partis. J'essayais de faire comme si tout allait bien, mais en réalité l'affaire m'avait profondément bouleversée. J'étais sans voix. En quittant le gymnase, Alban, notre Congolais, me suivit et me souhaita une bonne journée. Il me dit : « Merci pour ton aide. » Ces simples mots me redonnèrent le sourire.

Dehors, devant le gymnase, je recroisai le garde de sécurité. Il me demanda si je voulais signaler l'incident à la sous-préfecture. Je répondis simplement : « Ne t'inquiète pas, je vais leur écrire un mail pour expliquer ce qui s'est passé. Pas besoin de déposer une plainte officielle. » Le garde se mit alors à parler. Je n'avais pas envie de l'écouter, mais au bout d'un moment, je saisis ce dont il voulait me faire part. Il essayait de m'expliquer pourquoi il s'était placé derrière moi. « Nous connaissons bien Kamara maintenant. Il a tendance à être très agressif à l'oral, mais il ne fait rien. Il ne passe pas des paroles aux actes. » Je le regardai de façon étonnée et lui souris sans vraiment le vouloir. Que pouvais-je bien répondre à une telle remarque ? Je ne répondis donc rien.

Le vendredi suivant mon aventure avec Kamara, je reçus un message WhatsApp de Hilda alors que j'arrivais à la maison. Elle m'avait envoyé une photo d'un article du Münchner Merkur qui avait pour titre « Un demandeur d'asile fait du grabuge » et me demandait si je l'avais déjà lu.

De toute évidence, il y avait eu des problèmes à Steinhöring, où bon nombre de nos demandeurs d'asile avaient été transférés. Dans l'article, il était question d'un Érythréen de 25 ans qui avait essayé de tuer tous les locataires de sa maison. Je vérifiai rapidement dans mes documents quel réfugié de ma liste avait environ 25 ans. Le premier qui me vint en tête était Bhata. Il avait 28 ans... Je décidai de lui passer un coup de fil pour mieux comprendre la situation. Il se réjouit d'entendre ma voix. « Oh, Carolina, nous avons tout perdu la nuit dernière. C'est dingue ce qui nous est arrivé. Ce mec est cinglé. »

Je lui demandai ce qui s'était passé et qui était le responsable. Était-ce l'un des hommes de notre groupe ? Non, c'était un nouveau venu d'Ebersberg. Ils ne le connaissaient pas. Bhata m'expliqua que ce type avait reçu une lettre l'informant qu'il serait renvoyé en Italie. Il était tellement furieux et déchaîné qu'il avait pris un couteau et qu'il avait commencé à déchirer tout ce qui se trouvait autour de lui, dont des matelas, des vêtements et des papiers d'identité. Il essaya même de tuer deux hommes, qui réussirent à s'enfuir par la fenêtre in extremis. Le jour suivant, le LRA se rendit sur place pour évaluer les dégâts. Tous les locataires reçurent l'équivalent de leur allocation mensuelle pour compenser leurs pertes. On leur garantit également que de nouvelles pièces d'identité leur seraient bientôt envoyées.

Des mois plus tard, j'appris que nul autre que cet homme avait été transféré à Poing. Je le croisais régulièrement. Il fut envoyé à Poing peu de temps après l'incident, seul. C'était un homme timide. Il était toujours poli avec moi. Il parlait un peu allemand et un peu anglais. Il est toujours ici et suit actuellement un cours d'allemand professionnel.

Ce genre d'incidents restait heureusement des exceptions dans le cadre de mon travail avec les demandeurs d'asile. Je suis contente de pouvoir dire que j'ai vécu une panoplie de belles expériences qui me font oublier les moments tristes.

Je me souviens d'un moment tout spécial sur le bord du lac à Poing. J'avais amené mon fils Xavier à l'escalade et avais le temps de me rendre au lac avec mon plus jeune, Aksel. Je m'étais dit que ce serait une bonne idée de nous asseoir simplement sur le bord du lac et de jeter des pierres dans l'eau. En arrivant sur la rive, nous remarquâmes que deux Érythréens de la Passauer Straße, Libena et Aman, étaient assis non loin de nous. Dès qu'ils me reconnurent, ils nous firent un signe de la main. Aksel et moi allâmes donc à leur rencontre pour les saluer. Nous nous assîmes avec eux. Évidemment, Aksel était le pôle d'attraction. Ils étaient heureux de pouvoir lui poser des questions en allemand : comment t'appelles-tu ? Quel âge as-tu ? Depuis le temps, mon fils était habitué à ce genre de réaction, car je prenais parfois mes enfants lorsque je visitais les différentes maisons de demandeurs d'asile de Poing. Aksel répondit allègrement à leurs questions et s'assit de lui-même près de Libena. Pour ma part, je prenais plaisir à observer le langage corporel de mon fils. Je pouvais voir qu'il se sentait bien. Il posa son coude sur le genou de Libena. Tout à coup, il se leva et alla chercher deux pierres qu'il remit aux deux jeunes hommes. Cela signifiait : « Pouvez-vous s'il vous plaît lancer les pierres le plus loin possible dans l'eau ? » Il fit cela à plusieurs reprises. À mes yeux, ce moment était parfait. Il représentait ma vision du monde : des gens qui se réunissent et qui partagent un moment empli de paix et de joie, tout simplement. La langue devient alors superflue pour communiquer. Un sourire et un caillou dans la main d'un enfant en guise de cadeau sont alors amplement suffisants.

Khalid

La vie poursuivait son cours. Comme Amadou avait quitté Poing et que la cuisine du jardin d'enfants avait toujours besoin d'aide, je proposai le poste à Khalid, un des Érythréens de la Passauer Straße. Il était l'interprète de la maison. Il semblait avoir pris le contrôle des choses dès le premier jour. Au début, nous communiquions en anglais, mais depuis qu'il s'était fait une petite amie, son allemand s'était nettement amélioré. Pour des raisons tout à fait pratiques, il était celui avec qui j'avais le plus de contacts. Il souriait toujours, était poli et parlait en plus allemand.

Khalid se réjouit lorsque je lui annonçai qu'il pouvait travailler à la cantine du jardin d'enfants. C'était une personne très active. Depuis son arrivée à Poing, il s'était cherché un travail sur place. Malheureusement, il n'avait encore rien trouvé. Mais désormais, le vent tournait.

Il travaillait déjà depuis un bon moment au jardin d'enfants lorsque je l'aperçus un jour dans la rue. J'étais assise sur la terrasse d'un café. Je lui demandai s'il ne devait pas travailler aujourd'hui. Il avait fini pour la journée. Je poursuivis en lui demandant si le travail en cuisine lui plaisait. Il me dit qu'il y prenait plaisir. Il avait maintenant une raison de se lever tous les matins. Ce travail donnait du sens à sa vie. C'est fascinant de voir ce qu'un travail peut apporter à quelqu'un. Je l'invitai à s'asseoir avec moi. Après lui avoir prié de transmettre un message à ses colocataires, je changeai de sujet et lui posai des questions sur son périple à travers le Sahara. J'avais récemment lu de terribles choses et vu d'horribles vidéos sur Internet à propos de la traversée du Sahara. Je voulais savoir s'il en avait entendu parler et comment son voyage à lui s'était passé.

Khalid avait évidemment eu vent de ces histoires et connu des personnes qui avaient survécu à ce genre de tragédies. Heureusement, il y avait échappé. Il en allait de même pour les autres Érythréens de Poing : tous avaient évité ce douloureux destin.

Les réfugiés érythréens qui quittent leur pays afin de se rendre en Israël ou en Libye sont des proies faciles pour toutes sortes de ravisseurs. Certains d'entre eux sont kidnappés dans la zone soudanienne du Sahara par des tribus bédouines, puis vendus à des trafiquants d'êtres humains. Le gouvernement érythréen ne protège pas sa population, et les trafiquants le savent.

J'avais également regardé un documentaire diffusé par CNN sur le petit village d'Al-Mahdia dans le désert du Sinaï, là où a lieu cette traite d'êtres humains. Dans la vidéo, les victimes n'étaient pas seulement vendues ; elles se faisaient aussi torturer.

Les trafiquants torturaient leurs « proies » pour obtenir de l'argent. Ils les torturaient jour et nuit, ne leur laissant que de courtes pauses. Ils les battaient avec de gros bouts de bois, les brûlaient sur tout le corps avec du plastique fondu, les frappaient à la plante des pieds jusqu'à ce qu'ils ne soient plus capables de se tenir debout ou de marcher et les suspendaient au plafond en leur administrant des décharges électriques. Pour de l'argent. « Si tu me donnes 3 500 dollars US, tu es libre », disaient les tortionnaires. Alors, les victimes appelaient leurs proches pour leur demander de l'argent. Pendant qu'ils étaient au téléphone, les tortionnaires les faisaient crier en les brûlant à l'aide d'un fer chaud. Ainsi, la famille pouvait entendre le supplice.

L'un des survivants, un Érythréen de 23 ans kidnappé en 2012 dans un camp de réfugiés soudanien dans le désert, décrivit que les tortionnaires l'avaient même menacé de lui retirer ses organes s'ils ne recevaient pas l'argent. Toutefois, lorsque la famille transféra la somme exigée, au lieu d'être libéré, il fut vendu à une autre bande. Cette bande-là le tortura pendant des mois, jusqu'à ce qu'elle reçoive la somme voulue : 33 000 dollars US.

L'un des trafiquants d'êtres humains interviewé par Human Rights Watch avait acheté quelques Érythréens pour 10 000 dollars auprès des Bédouins, et il fallait maintenant qu'ils lui rapportent de l'argent. Il en parlait comme si c'était des objets. Il expliqua calmement qu'il soignait ses prisonniers avec de l'alcool et des bandages lorsque leurs blessures étaient sévèrement enflammées. Afin de pouvoir continuer à les torturer. Jusqu'à maintenant, trois personnes étaient décédées à la suite des mauvais traitements infligés. Généralement, deux familles sur dix paient la somme demandée. Au début, il exigeait 22 000 dollars US, mais il avait entre-temps augmenté son prix à 33 000 dollars. Il ne craignait pas de parler avec les reporters, parce que d'après lui la police ne ferait rien. Le gouvernement ne s'intéressait pas à cette affaire. C'était un commerce atroce impliquant des êtres humains... Atroce, mais très lucratif. Tellement lucratif, que de plus en plus de gens commencèrent à gagner de l'argent de cette façon. L'un d'eux, un jeune trafiquant de 17 ans de la péninsule du Sinaï, raconta qu'il avait fait 200 000 dollars US de profit cette année. En tout, il avait vendu 100 Érythréens. Il expliquait aux reporters que ses parents n'en savaient rien et qu'il était conscient que ce qu'il faisait était « haram » (ignoble), mais que ça lui apportait beaucoup d'argent.

L'horreur à son paroxysme. Une femme fut torturée et violée. Lorsque le bébé vint au monde, le tortionnaire et père de l'enfant tortura aussi le bébé, sa propre progéniture. Il lui brûla la tête pour extirper plus d'argent de la famille.

La rapacité n'a-t-elle donc aucune limite ? Jusqu'où est-ce que ces hommes seraient prêts à aller pour de l'argent ?

Les survivants nous racontent leur histoire. Il est de notre devoir de ne pas les ignorer et de ne pas oublier le passé. Nous devons rapporter ce qui se passe dans le monde. Et nous devons aussi agir.

Les têtes dirigeantes sont au courant de ces transactions et elles sont même probablement impliquées. Comment expliquer sinon que 30 000 migrants érythréens traversent les frontières de l'Égypte pour se rendre en Israël ? Les autorités égyptiennes ne sont pas les seules responsables : les élites érythréenne, soudanienne et libyenne prennent également part à ce commerce macabre. Le pouvoir de l'argent...

V Déceptions et espoirs

La longue attente

Peu à peu, le gymnase se vidait. Peu à peu, nos jeunes hommes quittaient Poing en petits groupes. Évidemment, la plupart d'entre eux s'en réjouissaient. Ils savaient qu'ils emménageraient dans un meilleur logement. Après tout, les conditions de vie dans le gymnase n'étaient pas géniales.

Mais pour les enseignants et bénévoles, ces départs nous attristaient surtout. Au cours de ces quelques semaines et de ces quelques mois, les demandeurs d'asile et les bénévoles avaient eu le temps de partager de beaux moments ensemble, si bien que des liens s'étaient noués tout naturellement entre les deux groupes.

Kerstin, par exemple, avait aidé Majid de la Sierra Leone à dénicher un poste dans une école de langues de Munich. Elle l'avait accompagné tout au long du processus de candidature, jusqu'à ce qu'il soit embauché. Ce fut donc difficile pour elle de le voir partir. De mon côté, j'étais avant tout fière que nous ayons réussi à le faire entrer dans une bonne école.

Hilda, quant à elle, avait épaulé Ibrahima dans toutes les sphères de la vie quotidienne, telles que l'ouverture d'un compte bancaire.

Irma avait donné des cours à un groupe d'Érythréens à raison d'une fois par semaine, et ce, depuis le tout début. Ils s'étaient toujours présentés.

Pour pouvoir apprécier son travail en tant que bénévole, il est important d'établir une bonne relation avec ses élèves. Par ce biais, l'apprentissage se fait plus facilement et de façon plus agréable. Après tout, les enseignants et les élèves n'étaient pas des robots, mais des êtres humains dotés de sentiments. Voulant offrir leur aide, les bénévoles tendaient la main aux demandeurs d'asile. Mais pas tout le monde n'en voulut. Certaines personnes eurent besoin de temps avant de pouvoir accepter cette aide. D'autres étaient très heureuses de notre présence. Il y en avait aussi qui abusèrent de notre bonté.

Pour ma part, grâce à mes nombreuses visites au gymnase, j'avais pu passer un peu de temps avec chacun des migrants. Ils venaient me voir lorsqu'ils avaient un problème et j'effectuais alors quelques appels pour eux ou leur donnais des conseils utiles.

Ce fut difficile de leur dire au revoir. C'est avec ces 37 résidents du gymnase que nous comprîmes vraiment ce que cela signifie de faire ses adieux. Le plus déprimant fut de constater que ces liens unissant bénévoles et demandeurs d'asile étaient souvent rompus lorsque les réfugiés quittaient Poing. Après le premier départ de migrants, je conseillai à tous mes enseignants de garder autant que possible une distance émotionnelle par rapport à nos hôtes, car ils finiraient tous par partir un jour. Ce conseil s'adressait aussi à moi.

Je pris conscience que nos réfugiés ne resteraient jamais longtemps dans notre ville : ils viendraient puis repartiraient. Ce ne serait pas du long terme. Et dès qu'ils étaient transférés ailleurs, ils devaient nouer de nouveaux contacts au sein de leur nouvelle commune. L'intégration dans une commune prend du temps. Comment pouvaient-ils tisser des liens, comment pouvaient-ils s'intégrer s'ils ne restaient que quelques mois dans une même commune ? Les quelques mois passés à Poing avaient-ils apporté quelque chose à nos réfugiés ? Pour nous, les bénévoles, nous devions repartir également de zéro avec de nouveaux réfugiés. Cette situation signifiait purement et simplement que nous ne pourrions jamais effectuer notre travail de façon continue. C'est pourquoi les enseignants se contentèrent rapidement de n'apprendre que les bases de l'allemand aux demandeurs d'asile. Il était difficile de faire plus.

J'en discutai à plusieurs reprises avec l'employée de la sous-préfecture. J'étais consciente que le gymnase n'était qu'une solution temporaire. Et même si l'employée disait souvent que l'objectif était de fermer le gymnase le plus vite possible, je savais qu'il n'en était rien. Vu le nombre croissant de demandeurs d'asile en Allemagne, comment pourraient-ils bien fermer cet endroit ?

J'avais accepté la situation depuis un moment, mais je n'étais évidemment pas la seule concernée. Elle touchait surtout les demandeurs d'asile. Si la plupart se montraient forts et résistants, il y en avait aussi qui avaient de sérieux problèmes psychologiques et émotionnels. De les mettre tous ensemble dans un gymnase pendant des mois ne faisait rien pour améliorer la situation.

Je soutenais les demandeurs d'asile depuis un an et demi, et malgré toute l'énergie apportée à ce projet, j'avais parfois l'impression que mon travail, notre travail, n'était qu'une goutte d'eau dans l'océan. Une minuscule goutte d'eau dans un immense océan. Encore aujourd'hui, je doute parfois de mon travail. Je me demande si je fais la bonne chose, si tous ces efforts en valent la peine. Heureusement, les autres bénévoles savent toujours me motiver et me redonner le courage de continuer.

Une fois, une enseignante me raconta que son travail auprès des demandeurs d'asile l'avait beaucoup changée. Elle était plus heureuse et sa vie avait soudainement pris un sens plus profond. De plus, elle avait appris énormément de choses sur les autres cultures, ce qui lui avait permis d'élargir ses horizons. En fin de compte, les demandeurs d'asile, malgré les différences d'opinions, de religions ou de coutumes, étaient exactement comme nous : des êtres humains à la recherche du bonheur.

Pour eux, la situation était beaucoup plus difficile. L'attente pour recevoir la réponse de la demande d'asile était pénible. Personne ne pouvait leur dire combien de temps cela prendrait. Le mot d'ordre était d'attendre, encore et encore.

De plus en plus de réfugiés m'avouaient qu'ils voulaient partir. Ce sujet revenait régulièrement. J'avais déjà entendu parler de cas où les migrants avaient décidé de quitter l'Allemagne, pas à Poing même, mais dans l'arrondissement d'Ebersberg. Alban, le seul Congolais du gymnase, raconta que ses colocataires du Cameroun en avaient assez d'attendre. Comme ils parlaient uniquement français, ils décidèrent de tenter leur chance en France. Quelques Syriens près de Munich avaient également essayé de faire bouger les choses en faisant grève devant les bureaux du BAMF des jours durant, en vain. Cela n'a rien changé au temps d'attente.

C'était maintenant au tour des Sénégalais. Ils étaient depuis un bon moment en Allemagne et avaient été transférés d'un endroit à l'autre en attendant que leur demande soit traitée. Comme tous les autres, ils voulaient travailler. Mais la législation avait changé au fil du temps, et ils ne pouvaient plus travailler en Allemagne. Il y avait désormais une interdiction générale de travail pour les Sénégalais, de même que pour les Ghanéens et les Kosovars. Ils avaient déjà attendu un ou deux ans, et maintenant on leur annonçait cette mauvaise nouvelle... En l'absence de perspective de travail, l'espoir s'évanouissait lui aussi.

Nos hommes étaient jeunes et plein d'énergie. Ils avaient la motivation de se mettre au travail si on leur en laissait seulement la chance. Ils ne pouvaient pas simplement mettre leur vie sur pause pour une si longue période, pas à cet âge-là. C'était le moment d'accumuler les expériences, d'aller à l'école de la vie et de fonder une famille. Parmi les migrants, les plus chanceux n'avaient eu besoin que de quelques semaines pour quitter leur pays et se rendre en Europe. Pour d'autres, cette aventure avait duré des années. Sans compter les nombreux malheureux qui ne réussirent jamais à mettre un pied sur le sol européen ou même sur un bateau, parce qu'ils furent kidnappés en chemin, puis arrêtés, violés ou tués. Ceux qui atteignaient l'Europe étaient probablement naïfs de croire qu'il s'agissait de la fin de leur périple. Malheureusement, la réalité est tout autre. L'atteinte de l'Europe n'est qu'un nouveau chapitre de leur voyage. Cette deuxième partie peut même se révéler plus difficile que la première. En fin de compte, personne n'est assuré de voir sa demande d'asile acceptée dans un pays européen.

On ne peut qu'attendre. Nos quatre premiers Pakistanais se trouvaient exactement dans cette situation. Ils étaient en Allemagne depuis plus d'un an et demi et avaient obtenus des emplois stables dans des entreprises, où ils travaillaient déjà depuis des mois. Ils donnaient le meilleur d'eux-mêmes pour s'intégrer dans notre société.

Récemment, j'aperçus Azfar à vélo. Il était 7 h 30. Il se rendait au travail, comme chaque jour depuis des mois. Je lui fis signe de la main et il me répondit, un large sourire sur son visage, comme à son habitude. Je dis à mes enfants : «

Regardez, c'est Azfar. Il se rend au travail. » « Qui est Azfar ? », demandèrent-ils. « C'est un réfugié du Pakistan, celui qui a cuisiné le poulet korma pour nous, il y a presque deux ans. Vous souvenez-vous de lui ? » « Ah oui ! Le poulet était super bon. » Xavier réfléchit et poursuivit : « Oh, il y a deux ans, je n'avais que cinq ans. » Deux ans déjà… Tant de choses s'étaient passées depuis. Azfar avait trouvé un travail, passé son permis de conduire et acheté une voiture, mais une chose n'avait malheureusement pas changé : sa situation familiale. Sa femme et ses deux enfants se trouvaient toujours au Pakistan. Cela faisait déjà deux ans qu'il ne les avait pas revus. Depuis deux ans, il attendait une réponse du gouvernement allemand. Tout comme sa famille au Pakistan. Serait-il reconnu comme réfugié ? La famille pourrait-elle venir le rejoindre en Europe ? Il l'ignorait. Tout comme nous.

Hosni était dans la même situation. Dans son pays, il avait travaillé dans une ferme avec sa famille. Il n'avait jamais été à l'école. En arrivant en Allemagne, il ne pouvait ni lire ni écrire. Même pas dans sa propre langue.

Helena, sa marraine attitrée, s'était occupée intensivement de lui. Elle lui avait enseigné l'allemand, d'abord oralement, puis à l'écrit. Chaque jour, il avait progressé, pas à pas. Au départ, il était très timide, mais au fil du temps il avait pris confiance et était rapidement arrivé à regarder ses interlocuteurs directement dans les jeux. Helena disait souvent : « Tu es un beau jeune homme, cherche-toi donc une femme. » Il répondait toujours : « Non, ça ne marchera pas. » Contre toutes attentes, il en trouva une. Il fit la connaissance d'une femme des environs et ils tombèrent tout de suite amoureux l'un de l'autre. Un vrai coup de foudre ! Ça avait presque l'air d'un coup calculé, mais ce n'était pas leur cas. Ils étaient tellement amoureux qu'ils ne se préoccupaient pas de ce qui se passait autour d'eux. Après un certain temps, Hosni avait emménagé chez elle et faisait partie de la famille.

Mais comment tout cela finirait-il ? Hosni était en Allemagne depuis plus de deux ans, mais n'avait toujours pas le statut de réfugié. Ses papiers étaient prolongés à coup de six mois. Après chaque prolongation, il m'appelait pour me l'annoncer : « Je peux rester six mois de plus. » C'était toujours une occasion de célébrer.

Les paroles de Bhata me revinrent à l'esprit : « Si j'avais su comment ça fonctionnait en Europe, j'aurais préféré rester dans le désert libyen et m'y installer. Peut-être que la vie dans le désert aurait été meilleure qu'ici. Les gens s'imaginent l'Europe comme un endroit merveilleux pour vivre. Mais tout ce qu'on m'a raconté était des mensonges. Les passeurs, qui voulaient évidemment mon argent, nous ont dit, à moi et à tous les autres ayant perdu espoir, que l'Europe était généreuse et que tous ceux qui réussissaient à traverser la mer y recevraient de l'argent et un hébergement. C'est vrai, mais dans quelles conditions... ! Évidemment, nous ne pouvions pas savoir. Quand tu as perdu espoir, tu crois tout ce qu'on te dit. J'avais perdu mon hôtel au Soudan du Sud. Je n'avais plus rien. J'avais juste assez d'argent pour traverser la mer. Cette traversée était mon seul espoir, mais maintenant je sais ce qu'il en est vraiment. Aujourd'hui, je préférerais retourner en Afrique. Pas à la maison, mais en Afrique. Mais comment faire ? Je n'ai même pas de passeport. Je ne peux pas retourner sur mon continent. »

Le pire dans la procédure de demande d'asile, c'est qu'on fait attendre tous ces migrants pendant environ trois ans. On les laisse espérer. Pour qu'en fin de compte, une bonne partie des demandes soient refusées. En accélérant la procédure, on réduirait l'instabilité et la misère des migrants, de même que l'impatience et l'incompréhension de la population locale.

Impact Day

Vendredi 12 juin 2015. J'étais un peu nerveuse. Ce serait une longue journée pour moi. Lorsque mon mari et mes enfants quittèrent la maison à sept heures du matin, j'étais déjà en train de préparer une quiche aux courgettes et aux poivrons. La veille, j'avais fait des biscuits à la noix de coco. Une centaine. Dès que la quiche fut prête, je me rendis au traiteur local pour aller chercher les chauffe-plats. À huit heures et demie, j'attendais déjà Peter au centre familial. Ensemble, nous allâmes acheter des boissons pour la journée.

En avril, alors que j'étais en Angleterre, j'avais eu la surprise de recevoir un mail de Peter. Peter travaillait pour Eurosport.de à Munich, et l'entreprise venait tout juste d'être achetée par Discovery Channel. Comme les employés travaillaient désormais pour Discovery, ils participèrent à son projet annuel « Discover Your Impact Day ». En cette journée, on met son travail de côté pour encourager des organisations et des projets en faveur d'une bonne cause. C'est l'occasion annuelle de donner quelque chose en retour au reste du monde. En 2014, 4 000 employés venant de 50 bureaux différents répartis dans 35 pays y avaient participé. Cette année, Peter décida d'organiser quelque chose dans la commune où il vivait, Poing, à l'intention des demandeurs d'asile. Thomas Gerck, le journaliste, lui avait donné mes coordonnées.

Nous arrivâmes au gymnase. Certains nous attendaient déjà, d'autres dormaient encore ou étaient en train de prendre le petit-déjeuner. Il y en avait aussi qui ne savaient même pas ce qui se passait. L'événement avait lieu pendant la semaine, juste quelques jours après le départ de la majorité de nos 37 jeunes hommes. De nouveaux demandeurs d'asile venaient d'arriver. Nous avions reçu le nouveau groupe de réfugiés seulement deux jours avant la tenue de l'événement. Nous ne nous connaissions pas encore. C'est pourquoi j'étais un peu nerveuse ce jour-là. Les migrants que je connaissais bien n'étaient plus là. Je leur avais parlé de cet événement et les avais préparé à cela depuis des semaines, événement auquel ils ne participeraient même pas. Et mon travail avec ce nouveau groupe ne faisait que commencer. J'ignorais complètement comment se déroulerait cette journée spéciale.

Les jours précédents, j'avais passé beaucoup de temps à donner des explications sur les activités qui auraient lieu aujourd'hui. Malgré tout, il fallut plus d'une heure avant que tout le monde soit prêt à partir pour le parc. Nous voulions d'abord montrer le parc animalier de Poing à nos demandeurs d'asile, puis jouer au football avec eux au centre sportif et terminer la journée par une fête. La semaine auparavant, j'avais demandé à nos Érythréens de nous préparer leur mets national, l'injera. J'avais également prié les Nigériens, Sénégalais et Maliens de cuisiner quelque chose et sollicité l'aide des Pakistanais et Syriens vivant dans les deux maisons. Et ils avaient tous été partants ! J'étais à peu près sûre que la majorité des gens qui m'avaient donné une réponse positive ne me laisseraient pas tomber. Mais je n'en aurais la certitude que ce soir-là.

En arrivant au parc animalier de Poing, nous allâmes d'abord voir les lapins et les cochons d'Inde. Nos 40 hommes étaient très enthousiastes de pouvoir toucher et caresser les animaux. Je leur lançai en blaguant qu'ils n'étaient pas à manger. Ils me regardèrent avec un air curieux et étonné. « Vraiment ? Pourquoi pas ? » Je ne pus m'empêcher de rire... Encore une différence culturelle !

« Où sont les lions ? Où sont les tigres ? », demandèrent quelques-uns. Je leur expliquai que nous n'étions pas dans un zoo, mais dans un parc sauvage avec des animaux de la région. Il n'y avait pas de lions, mais des loups et des ours. La prochaine question fut donc : « Où sont les loups ? »

Libena d'Érythrée était très jeune et avait mis du temps à s'ouvrir. Il était menuisier et avait récemment obtenu un job à 1 euro à l'école d'éducation spécialisée du quartier. Avant de commencer à travailler, il avait évidemment des craintes. « Comment est-ce que j'arriverai à travailler si je ne parle ni anglais ni allemand ? » Je l'avais toutefois rassuré en lui disant que ce n'était pas grave. Il n'avait qu'à continuer d'aller à nos cours d'allemand et d'apprendre la langue. À partir de ce jour-là, il s'était comme métamorphosé. Aujourd'hui, au parc, il prenait des photos de tous les animaux autour de lui, souriant et riant comme un enfant qui vit cette expérience pour la première fois. Moi aussi, je souriais. C'était une belle récompense de voir les migrants si heureux. Moi aussi, j'étais heureuse, heureuse de pouvoir partager ce moment avec eux. Je voulus l'imprégner pour toujours dans ma mémoire, car on ne vit malheureusement pas de tels moments tous les jours.

J'ai d'ailleurs une théorie à ce sujet : on ne peut être à la fois heureux et malheureux. Lorsqu'on est heureux, on ne peut pas ressentir de la tristesse en même temps. C'est impossible. Et durant ce bref instant de bonheur des demandeurs d'asile, j'en conclus qu'ils ne pouvaient pas être malheureux en ce moment. Cette journée leur permit de briser leur routine, qui consistait à manger, dormir et attendre. Aujourd'hui, ils pouvaient mettre tous leurs soucis de côté, au moins pour une journée.

Toutefois, ce n'est pas tout le monde qui semblait heureux. Certains faisaient même une tête d'enterrement. Surtout les Sénégalais. Et je savais pourquoi. Aliou avait voulu s'entretenir avec moi ce jour-là. Sur le chemin du parc, il s'était confié à moi. Il savait que j'avais une bonne écoute. Il avait vingt ans à peine et il était arrivé en Europe par l'Espagne. Ensuite, il s'était dirigé vers l'Italie, où il était resté longtemps, jusqu'à ce qu'il réalise qu'il n'avait pas d'avenir dans ce pays non plus. Il venait tout juste d'arriver à Poing. Auparavant, il avait souvent été transféré d'un camp de réfugiés à l'autre. Je crois qu'il aimait parler avec moi parce que j'étais Française et qu'il n'y avait pas de barrière de la langue entre nous. Son anglais et son allemand n'étaient pas bons. « Que devrions-nous faire ? Sérieusement, que devrions-nous faire ? Nous ne pouvons pas travailler en Allemagne. À Ingolstadt, je travaillais. Maintenant, je n'ai plus le droit. Dormir, manger, attendre... Ce n'est pas une vie. Je ne sais plus quoi faire. Je ne peux même pas retourner dans mon pays. Je n'ai pas de passeport. Que puis-je faire sans passeport ? On te l'enlève lorsque tu montes sur le bateau. Mon seul espoir est d'être accepté par un pays européen. Mais je ne peux pas rester ici à attendre une réponse pendant deux ou trois ans en me tournant les pouces. »

Il fit une pause pendant quelques secondes pour mettre de l'ordre dans ses pensées, puis il poursuivit : « Je pense que la seule chose que je puisse faire est de disparaître, de quitter l'Allemagne. Si je ne peux pas travailler ici, c'est absurde de rester. »

Comme pour tous les autres qui m'avaient raconté leur histoire, j'avais de la compassion pour lui et comprenais pourquoi il était en colère. Il en avait assez de devoir se battre pour obtenir l'asile dans un pays européen. Il avait fini par comprendre qu'il n'était pas possible pour lui de mener une vie normale en Europe. À moins qu'un miracle inexplicable ne se produise. Mais c'était invraisemblable. Où qu'il aille, il ne serait pas reconnu comme réfugié et il ne pourrait pas s'établir. Et rien ne lui importait plus que de planter ses racines.

Qu'aurais-je fait à sa place ? C'était impossible de le savoir, car je n'étais justement pas dans sa situation. En tant que bénévole, je ne pouvais pas faire grand-chose pour lui. La loi était passée. Les Sénégalais n'avaient pas le droit de travailler en Allemagne. On ne pouvait rien y changer. Et à Poing, nous avions douze Sénégalais. Douze Sénégalais déprimés. Évidemment, cette situation ne facilitait pas notre travail de bénévole. Comment arriver à intégrer ces migrants dans notre commune ? Dans d'autres villes autour de Munich, par exemple à Dachau, une pétition circula pour faire changer cette situation, en vain. La loi est la loi.

Au moins, quelques-uns de nos réfugiés arrivèrent à mettre de côté leurs soucis et leurs pensées négatives pour profiter de la journée avec les animaux. Vers midi, nous nous arrêtâmes pour manger du pain et des bretzels avec des biscuits apéritifs à tartiner et des fruits. Les morceaux de pastèques furent très populaires et partirent en quelques secondes. Les loups et les ours eurent également beaucoup de succès. Ce jour-là, ils se montrèrent, au grand bonheur de nos réfugiés.

Après trois heures passées au parc, il était temps de passer à l'activité suivante. Au programme : un match de football. C'était alors le milieu de l'après-midi et il faisait un temps superbe, plus de 30 degrés Celsius. Les migrants de l'Afrique noire trouvaient qu'il faisait trop chaud pour jouer au football. Et comme ils n'avaient pas leurs vêtements de sport, ils partirent un après l'autre. De plus, ils voulaient commencer à cuisiner pour la fête de ce soir. Les Érythréens restèrent. Ce n'était pas la première fois que je remarquais d'importantes différences entre les Africains du sud du Sahara et ceux de la corne de l'Afrique.

De façon générale, ces deux groupes n'entreprenaient pas grand-chose ensemble, surtout en raison de la barrière de la langue. Seule une minorité d'Érythréens pouvait parler anglais. Et ce n'était pas la seule raison expliquant pourquoi ils se sentaient plus à l'aise entre eux. Ils formaient un groupe, ou plutôt une unité très soudée. Il nous était difficile d'établir une communication efficace avec eux. La plupart du temps, il n'y en avait qu'un seul qui parlait anglais et qui pouvait faire office d'interprète, de sorte que nos discussions se faisaient toujours avec le groupe entier. Les entretiens individuels étaient impossibles. Du moins, au début.

Les Érythréens se montraient enthousiastes à toutes les activités que nous leur proposions. Ils participaient à tous les événements et à tous les cours. C'était très gratifiant pour nous, les bénévoles.

En cette journée de l'Impact Day, les Érythréens prirent le ballon et jouèrent longtemps au football avec l'équipe de Eurosport.de. Entre-temps, j'étais allée chercher mes enfants et Xavier, mon garçon aîné et fan de foot, voulait lui aussi jouer un peu. Tout le monde fut gentil avec lui et le laissa participer. Il faisait partie de l'équipe la plus forte. Chaque fois qu'un but était marqué, il me criait : « Maman, nous avons marqué un but, c'est nous qui gagnons, un à zéro ! Maman, nous avons encore marqué, c'est nous qui gagnons, deux à zéro ! » Il était fou de joie. Les Érythréens ne prenaient pas le match très au sérieux. Même si l'une des équipes était plus faible et n'arrivait pas à marquer, cela ne les dérangeait pas. Ils avaient simplement du plaisir et profitaient du moment présent.

Ce n'est qu'à la fin du match que mon travail commença. J'avais prié tout le monde de se rendre au centre familial à 16 h pour donner un coup de main. Je n'avais encore aucun plan précis en tête, étant donné que je ne savais pas qui viendrait réellement. Mes principaux objectifs étaient de passer un bon moment ensemble et de créer une ambiance conviviale. Et ce serait loin d'être facile.

Le matin, Les Érythréens m'avaient fièrement informée qu'ils avaient déjà préparé 100 injeras et quatre accompagnements. Je savais également que Kamel avait cuisiné un mets syrien. Les nouveaux demandeurs d'asile avaient aussi confirmé qu'ils prépareraient quelque chose, mais je n'en avais encore rien vu. Je ne les connaissais pas encore très bien et je ne savais donc pas si je pouvais vraiment me fier à eux. Je jouais un peu avec le feu.

Une heure avant le début de la fête, je me rendis au gymnase. Je fus satisfaite de ce que je vis. Quatre ou cinq hommes s'affairaient dans la cuisine, chacun occupé à la préparation d'un repas. Il n'y aurait pas eu de place pour une personne de plus dans la cuisine. Ils étaient tous concentrés sur ce qu'ils faisaient. Je ne pus réprimer un sourire ; j'étais soulagée et heureuse de les voir cuisiner.

Au même moment, je regrettai beaucoup que les résidents précédents ne soient plus là. Ils s'étaient si bien entendus les uns avec les autres, l'atmosphère aurait sûrement été très festive. Mais pour la fête à venir, je n'en étais pas aussi sûre. L'organisation ne s'était pas faite sans accrocs. De nombreux groupes et de nombreuses personnes qui auraient contribué à créer une bonne ambiance ne pouvaient pas venir. Toutefois, Carla, une animatrice de Zumba, avait confirmé sa présence à la dernière minute, de même que Tom, un professeur de capoeira, qui présenterait un petit spectacle pour nous. De plus, l'église avait mis des tam-tams à ma disposition. Par ailleurs, la presse avait été invitée. Le Süddeutsche Zeitung manifestait un grand intérêt envers l'événement et avait déjà publié un article à ce sujet quelques jours auparavant. On nous envoya même une journaliste le jour J.

Lorsque les jeunes hommes arrivèrent au centre familial et aperçurent les djembés, ils voulurent tout de suite commencer à tambouriner. Ce furent d'abord les Nigériens qui jouèrent des instruments. Ils accompagnèrent les percussions de chants très passionnés. Vint ensuite le tour des Sénégalais, des Maliens et des Congolais. L'atmosphère était à la fête.

J'avais eu peur qu'il manque de nourriture, mais ce ne fut pas le cas, bien au contraire.

Le programme du soir dura plus de trois heures bien remplies. Je fus heureuse de voir le père d'Ahmed, Kamel, oser participer à l'atelier de Zumba. Mon cœur fondit lorsque j'aperçus mes enfants et ceux des autres tenter d'imiter les pas de capoeira sous le regard de tous. Je ne pus faire autrement que de participer à la danse de bienvenue des Érythréens, pendant laquelle les bénévoles faisaient de leur mieux pour danser au rythme de la musique africaine. Partout, il n'y avait que sourires et éclats de rire. La fête battit son plein pendant trois heures. À mes yeux, ce sont ces moments qui rendent la vie en collectivité si douce. Et même la vie en général. Ce sont ces précieux moments avec les autres qui comptent vraiment. Cette harmonie. Ces instants paisibles partagés ensemble. Cette tentative de ne pas laisser les liens fragiles qui nous unissent se briser. Cette façon d'apporter de la joie avec de la musique et de la nourriture. Il n'en faut pas plus pour rapprocher les cultures. Je crois que c'est ce que j'essayai d'expliquer à la journaliste lorsqu'elle m'interviewa ce jour-là.

Des nouvelles d'Aliou

L'été arriva, et avec lui, les vacances. Je méritais de vraies vacances, je dirais même que j'en avais besoin. Il était temps de décrocher et de me concentrer sur moi et ma famille.

J'avais dédié une grande partie de ma vie, de mon temps et de mon énergie à nos demandeurs d'asile, et je voulais maintenant recharger mes batteries.

Pendant mon absence, la vie à Poing poursuivit son cours. Les cours d'allemand continuèrent pendant l'été. De nouvelles activités furent même organisées au cours de cette période, telles que les leçons de sécurité routière, données par la police locale pour familiariser les demandeurs d'asile avec les panneaux de signalisation et les règles de la circulation.

Même si j'étais en vacances, je recevais des mails et des WhatsApp régulièrement pour m'informer de ce qui se passait. Parfois, je recevais de très gentils messages comme celui-ci :

« Depuis qu'Alban travaille à la déchetterie, les lieux sont très propres et rangés. La direction est très satisfaite et lui a même demandé s'il pouvait se présenter tous les jours au travail plutôt qu'une fois par semaine. »

Je savais qu'Alban était lui aussi très heureux de sa nouvelle situation, car il m'envoyait régulièrement des messages. C'était devenu plus facile pour lui d'apprendre l'allemand et de le pratiquer au quotidien. Avant de partir, j'avais donné son nom à la sous-préfecture pour qu'il obtienne un job à 1 euro, et ça avait fonctionné. À 1 000 kilomètres de Poing, je me mis à imaginer les possibilités d'avenir d'Alban. J'imaginais qu'avec l'expérience de son job à 1 euro à la déchetterie, il obtiendrait probablement une bonne lettre de recommandation et qu'il pourrait ainsi trouver un emploi mieux rémunéré dès que son allemand serait suffisamment bon. Le seul fait d'y penser me rendit heureuse et satisfaite. Au fil du temps, nous avions réussi à développer un système qui aidait les demandeurs d'asile à se tailler une place dans le monde du travail allemand.

Je me réjouissais également lorsque je recevais des mails de personnes qui voulaient offrir leur aide. Une dame nous fit parvenir un chèque-cadeau de plus de 100 euros pour un restaurant. Au lieu de l'utiliser pour elle-même, elle avait décidé de l'offrir à des gens dans le besoin, les demandeurs d'asile. Ce bon nous permit d'organiser une soirée pizza pour nos migrants et leurs enseignants.

Ce genre de gestes me montrait que Poing était disposée à donner un coup de main, et ce constat m'apportait une certaine sérénité. Nous n'étions pas seuls ; la population nous soutenait. Et cela me rendait heureuse.

Cependant, je reçus aussi une triste nouvelle. À la suite d'un incident au gymnase, on avait dû appeler la police. Une dispute avait éclaté entre deux demandeurs d'asile, et alors qu'un garde essayait d'intervenir, il avait été blessé à la tête. Ce genre de mails m'attristait. En n'étant pas sur place, je ne pouvais pas savoir exactement ce qui s'était passé ni juger de la situation. Même si j'avais peu de renseignements, j'étais en mesure de dire que ça n'augurait rien de bon. Malheureusement, ces nouvelles faisaient également partie de la réalité.

Je savais qu'Aliou était impliqué. Je me sentais coupable, parce que j'avais manqué son appel ou plutôt n'avais pas répondu au moment de l'incident. Après tout, j'étais en vacances. Peut-être m'avait-il appelée pour me demander de l'aide. J'étais la seule personne de Poing qu'il connaissait parlant français. Mais à ce moment-là, je me trouvais de toute façon à des kilomètres et je n'aurais donc pas été en mesure de l'aider comme j'aurais pu le faire à Poing. C'était frustrant, car je ne connaissais qu'un côté de la médaille, celui qui le déclarait responsable. Je voulais aussi entendre sa version des faits. Toutefois, comme il ne répondait pas à mes questions par écrit, il me fallut attendre de le voir en personne à Poing.

La situation s'annonçait mal pour Aliou. Je ressentais de la compassion pour lui, même s'il était en train de creuser sa propre tombe. Jour après jour, ses chances de pouvoir rester en Allemagne diminuaient. En raison de cet incident, Aliou allait probablement être accusé pour coups et blessures et être arrêté. Le garde avait été transporté à l'hôpital le jour de la dispute, et avait heureusement pu revenir au travail une semaine plus tard.

Aliou se trouvait dans une situation délicate. Que pouvait-il faire d'autre qu'attendre, encore et toujours ? Lorsque je revins de vacances, je lui demandai de me donner sa version des faits. D'après ce que je compris, il était intervenu, mais n'étais ni l'assaillant ni le responsable du conflit. J'avais entendu beaucoup de choses à son sujet qui se révélèrent fausses. Évidemment, il n'était pas un saint, il buvait de l'alcool et fumait du cannabis, mais il était loin d'être un voleur comme l'avaient insinué de supposés témoins. Pour lui, la justice et l'équité étaient d'importantes valeurs.

Je lui dressai ensuite un tableau de la situation dans laquelle il se trouvait, qui n'était pas du tout positive. Il était déjà au courant. Lorsque je lui dis qu'il allait peut-être devoir aller en prison en raison de son comportement, il me regarda dans les yeux et me répondit calmement : « Je suis en Allemagne. Je serai donc jugé en vertu du droit allemand. Si le tribunal décide de m'envoyer en prison, alors j'irai en prison. Je respecterai sa décision. J'ai lancé une pierre à celui qui m'en avait lancé une en premier, et malheureusement le garde s'est placé devant l'autre type. Une situation désolante pour lui comme pour moi. Lorsqu'il est revenu au travail, je suis allé m'excuser auprès de lui. J'étais vraiment désolé de ce qui s'était passé. Je ne voulais pas le blesser. Si je dois maintenant aller en prison, alors j'irai en prison. » Il accepterait sa sentence. « Par contre, je ne veux pas que les gens me traitent comme si j'étais un voleur, je n'en suis pas un. »

Je lui conseillai d'éviter de se faire remarquer et ajoutai qu'il serait bon pour lui de recommencer à suivre les cours d'allemand et de montrer de l'intérêt envers nos activités. Je lui promis également que je lui trouverais un job à 1 euro afin qu'il puisse sortir du gymnase de temps en temps.

L'interdiction de travailler imposée aux Sénégalais en Allemagne affectait énormément la santé mentale d'Aliou et celle de ses compatriotes. Elle scellait leur sort et leur retirait tout espoir. Ils devaient se contenter d'attendre les bras croisés. D'attendre d'être expulsés. Et s'ils essayaient de quitter l'Allemagne, ils auraient des problèmes avec la police allemande. Mais comme l'office de la migration, le BAMF, croulait sous les dossiers et qu'elle avait des priorités plus urgentes, les Sénégalais devraient attendre encore trois ou quatre ans avant d'obtenir l'ordre de quitter le pays. Quelle absurdité !

Plus tard, Aliou m'informa qu'il avait travaillé lorsqu'il se trouvait en Italie, mais seulement à temps partiel. C'est la raison pour laquelle il avait décidé de partir tenter sa chance en Allemagne. Il voulait seulement travailler davantage, avoir un environnement stable et mener une vie normale. Il s'était dit que l'Allemagne était la solution. Au fil de la discussion, j'appris la raison de sa venue en Europe et de son si long séjour en Italie. Il avait simplement suivi son père...

Le père d'Aliou avait quitté son village et sa famille au Sénégal pour trouver du travail en Europe et ainsi subvenir aux besoins de sa famille. Il s'était établi en Italie et envoyait chaque mois de l'argent à la maison. Jamais il ne fit mention de la précarité de sa situation, si bien que tout le village croyait qu'il menait une vie de rêve. Comment aurait-il bien pu leur dire la vérité sur sa vie en Europe ? Ç'aurait été une vraie honte de devoir briser le mythe entretenu depuis des décennies en Afrique. Malheureusement, c'est cette illusion qui motiva Aliou à se rendre lui aussi en Europe, un projet qui devint bientôt son rêve. Si son père avait réussi, pourquoi n'y arriverait-il pas ? Son père lui avait confié la responsabilité de l'entreprise familiale en Afrique. Mais Aliou voulait plus. Il ferma l'entreprise et quitta le pays. Quelle surprise ce fut pour lui, après tous ses efforts pour atteindre l'Europe, de trouver son père dans un hébergement si modeste et de découvrir enfin la vérité sur la vie qu'il menait en Italie. Un vrai choc. Et maintenant, Aliou était en Allemagne. Il avait dépensé tellement d'argent pour venir jusqu'ici qu'il n'était plus en mesure de retourner au Sénégal. Sa seule option : trouver un moyen de s'en sortir ici en Europe, la terre promise.

Je croyais que ce serait facile de lui trouver un job à 1 euro financé par la sous-préfecture, une activité pour qu'il se change les idées. Toutefois, le vent avait changé. En raison de l'afflux massif de demandeurs d'asile et de l'augmentation des dossiers à traiter, la sous-préfecture ne pouvait plus se permettre pour l'instant de consacrer du temps au travail administratif requis pour les jobs à 1 euro. Aliou ne semblait pas s'en préoccuper. Jour après jour, il avait le temps d'imaginer un nouveau plan. Au début, il ne voulait pas me le dévoiler. Un jour, il finit par m'avouer qu'il voulait se rendre aux Pays-Bas. Aux Pays-Bas ? J'étais étonnée. « Tu ne penses pas que ce sera exactement comme ici ? Pourquoi ne retournes-tu pas plutôt chez toi ? » Il répliqua : « Si j'avais su comment c'était en Europe, je ne serais jamais venu ici. Vraiment. Mais maintenant, je suis ici. J'ai dépensé toutes mes économies pour ce voyage et je n'ai d'autre choix que de rester. » Il voulait tenter sa chance aux Pays-Bas. Je ne savais pas ce que je pouvais bien répondre. Cette situation me désolait beaucoup. Un Africain si fier, manager d'une entreprise familiale dans son pays natal, devenu un demandeur d'asile entêté risquant une peine d'emprisonnement en Allemagne qui, couvert de honte, n'osait pas retourner chez lui. J'espérais vraiment qu'il prendrait la bonne décision. Je lui offris de se revoir une dernière fois avant qu'il ne parte. Il refusa : « Non, mais je t'écrirai lorsque je serai arrivé aux Pays-Bas. »

Cette conversation me rappela ma première rencontre avec Aliou. Je l'avais accompagné du gymnase au centre familial pour lui montrer où avaient lieu les cours d'allemand. Je crois qu'il était heureux de pouvoir parler un peu de sa vie en français à quelqu'un. Il en avait assez d'être transféré d'un camp à l'autre sans pouvoir s'établir convenablement nulle part. Malgré tout, il avait bon espoir que tout s'arrangerait. Il voulait trouver un emploi et gagner de l'argent en Allemagne pour l'envoyer à sa mère. Il voulait maintenant passer à autre chose. Répéter le même processus aux Pays-Bas. Mais réussirait-il un jour à s'installer quelque part en Europe ? Voilà la grande question...

Un jour, il disparut de Poing. La police était venue le chercher. La nouvelle s'était rapidement rendue jusqu'à moi. Quelques jours plus tard, nos Pakistanais me racontèrent en détail ce qui s'était passé.

Le soir de l'incident, Aliou était saoul et voulait se battre avec Nabel, un Pakistanais. Quelle qu'en soit la raison, Aliou voulait régler la chose dehors avec les poings. Toutefois, Nabel ne l'avait pas suivi à l'extérieur, ce qui avait enragé Aliou. Il était donc retourné dans le gymnase et l'avait violemment empoigné à la gorge. Bref, il était parti, probablement en prison.

Une bien triste histoire. Une partie de lui était si gentille. Il avait déjà joué avec mes enfants. Comme Aliou parlait français, mes fils pensaient qu'il était Français. Et je les corrigeais toujours en souriant : « Non, il est Sénégalais. »

VI Un vent nouveau

Nouvelles stratégies de recherche d'emploi

Avec le temps, nous comprenions mieux ce qui se passait avec les demandeurs d'asile de Poing. Nous avions appris énormément de choses et acquis beaucoup d'expérience au fil des mois. Nous savions désormais que pour les résidents des quatre maisons destinées aux demandeurs d'asile, les chances étaient bonnes de pouvoir y rester jusqu'à la fin de la procédure d'asile, c'est-à-dire pendant des années plutôt que des mois. En revanche, les demandeurs d'asile vivant dans le gymnase ne pouvaient pas rester à Poing pendant une longue période, les conditions de vie n'y étant pas adéquates pour un séjour à long terme. Le gymnase n'était qu'une solution provisoire. Nous ne pouvions qu'accepter la situation, chercher des solutions et établir des stratégies en conséquence. Il n'était pas possible d'aider les demandeurs d'asile du gymnase de la même façon que ceux des maisons. C'était un fait indéniable.

Notre principal objectif devint donc de trouver des emplois à ceux qui restaient plus longtemps. C'était une entreprise difficile, particulièrement en raison d'un cruel manque de temps. Et pour que la recherche d'emploi soit couronnée de succès, il fallait investir beaucoup de temps et d'énergie, choses que nous n'avions justement pas. Téléphoner, écrire et rendre visite aux différentes entreprises et institutions de la commune, tout cela prenait du temps. Nous devions rallier plus de gens à notre cause. Un jour, j'eus l'idée d'organiser une rencontre avec les entreprises locales en compagnie de la sous-préfecture afin de leur faire savoir que les demandeurs d'asile avaient le droit de travailler et de leur expliquer le fonctionnement exact du processus de recrutement. Après tout, la majorité des demandeurs d'asile avaient un permis de travail et il aurait été dommage de ne pas s'en servir. Nous voulions aussi convier les entreprises qui avaient déjà embauché deux de nos demandeurs d'asile du Pakistan. Elles pourraient ainsi parler de leur expérience et écarter les doutes qu'il pourrait y avoir. Une telle rencontre pourrait être très profitable.

Aussitôt que nous aurions trouvé des emplois « normaux » pour les demandeurs d'asile vivant dans les maisons, nous pourrions proposer des jobs à 1 euro à ceux du gymnase. Ce ne serait alors pas si grave s'ils déménageaient quelques mois plus tard. Nous n'aurions qu'à les remplacer par d'autres migrants du gymnase. C'était triste de penser de cette façon-là, mais il n'y avait malheureusement aucune autre possibilité. Nous avions besoin de deux stratégies différentes pour les deux situations de Poing en matière de demandeurs d'asile.

Nos premiers candidats furent les Érythréens de la Passauer Straße. Ils habitaient à Poing depuis des mois et se rendaient régulièrement au cours d'allemand. Khalid, mon interlocuteur pour cette maison, et deux de ses colocataires avaient déjà des jobs à 1 euro dans des crèches. Ils en étaient très satisfaits. Ce n'était pas facile de décrocher de tels jobs, il n'y avait malheureusement pas assez de travail pour tout le monde. Ces trois-là avaient eu de la chance. Pour les autres habitants de la Passauer Straße, le mot d'ordre était encore et toujours d'attendre.

Nous savions désormais que les Érythréens avaient plus de 90 pour cent de chances de pouvoir rester en Allemagne. Il était donc temps de redoubler d'efforts pour faciliter leur intégration, et le travail nous permettrait d'y parvenir.

Mon retour de vacances tomba en même temps que la vague historique de nouveaux réfugiés en Allemagne. Seulement quelques semaines plus tard, au cours du fameux week-end des 5 et 6 septembre 2015, la chancelière Angela Merkel laissa entrer 15 000 migrants qui étaient coincés en Hongrie et en Italie. Dans les nouvelles, on ne parlait que des demandeurs d'asile. Chaque jour, ils faisaient la une des journaux. Leur situation en Europe devint un sujet récurrent. Et l'Allemagne avait décidé d'y jouer un rôle important. Bien sûr, cette décision eut des répercussions sur la population.

Je reçus peu après des mails d'habitants de Poing qui voulaient donner un coup de main. En moins de dix jours, des dizaines de personnes m'avaient écrit pour me proposer leur aide. Au départ, cet engagement citoyen m'étonna. J'avais déjà reçu beaucoup d'appels et de mails à ce sujet deux ans plus tôt lorsque j'essayais de monter un groupe pour mon projet, mais à l'époque c'était moi qui avais activement recherché des bénévoles.

Cette vague d'intéressés pouvait donner un bon coup de pouce à notre travail. Tous ces mails me montraient que les citoyens étaient maintenant prêts à s'investir et qu'ils voulaient contribuer à changer le monde. Toute forme d'aide était la bienvenue. Nous en aurions besoin. Ainsi, nous acceptâmes l'aide de tous ceux qui désiraient participer à notre projet pour les demandeurs d'asile, ce qui nous permit d'intensifier de façon très importante nos activités. Un véritable effet boule de neige.

Avec l'augmentation des bénévoles, les histoires et expériences positives se répandirent de plus en plus à Poing. Il y avait plus de gens pour parler de notre travail, de même que pour vanter la richesse qu'apporte l'échange avec différentes cultures. Tout cela contribuerait énormément à dresser un portrait positif des demandeurs d'asile au sein de la commune.

À la même époque, le maire et le conseil communal décidèrent de nous fournir un soutien plus prononcé en ce qui avait trait à l'aspect logistique (disponibilité des hébergements, photocopies, clés, etc.) et à la recherche de commanditaires pour les événements à venir.

Au niveau de l'arrondissement d'Ebersberg, on montrait également beaucoup de flexibilité et d'ouverture par rapport à la recherche d'emploi pour les demandeurs d'asile. C'était comme si tout le monde s'était donné le mot pour faciliter notre travail. Les exigences pour l'obtention d'un emploi furent revues à la baisse. En effet, il fallait uniquement démontrer une grande motivation et avoir un niveau A1 ou A2 d'allemand[16]. L'atteinte de ce niveau devint l'objectif de nos cours d'allemand. L'agence pour l'emploi n'appuyait pas seulement la recherche d'emplois fixes, mais aussi celle de possibilités de formation pour les migrants n'étant en Allemagne que depuis quatre mois.

Je dus corriger l'image que je me faisais de l'Allemagne. En effet, je pensais, à tort, que le pays n'était pas prêt à accueillir autant de demandeurs d'asile. Le BAMF était assurément débordé par toutes les demandes à traiter et les décisions à prendre et nécessitait beaucoup plus d'employés

---

[16] Le Cadre européen commun de référence pour les langues répertorie six niveaux de compétences en langues étrangères, allant d'A1 (débutant) à C2 (expert). Les niveaux A1 et A2 couvrent les notions de base et les situations de la vie quotidienne.

pour y parvenir. Toutefois, les agences pour l'emploi et la formation, qui avaient rapidement établi un système fonctionnel, étaient prêtes à agir et montraient suffisamment d'ouverture envers les migrants. Et comme le taux de chômage se situait à environ 2 pour cent dans notre arrondissement, les demandeurs d'asile avaient de bonnes chances de trouver un travail.

Le vendredi 4 septembre 2015, nous lançâmes une grande opération de recherche d'emploi. J'invitai quelques nouveaux bénévoles à me rejoindre à la Passauer Straße. Les jeunes Érythréens nous accueillirent sans vraiment savoir ce qui était en train de se passer. Ils étaient simplement surpris de voir autant de nouveaux bénévoles.

Nous leur expliquâmes que notre priorité était de leur trouver du travail. Puis, pour la première fois, nous leur posâmes des questions sur leurs expériences de travail passées et sur ce qu'ils aimeraient faire dans le futur. C'était la première fois que nos demandeurs d'asile exprimaient ce qu'ils souhaitaient à cet égard et qu'ils nous faisaient savoir comment ils envisageaient leur avenir.

La prochaine étape était de rédiger des curriculum vitæ et des lettres de motivation et de préparer les migrants à un entretien d'embauche. Le processus se mettait en branle. Je pouvais sentir que nos activités prenaient de l'expansion. Au cours des semaines suivantes, notre groupe grossit considérablement. Chaque jour, nous écrivions des curriculum vitæ et des lettres de motivation pour nos demandeurs d'asile. L'objectif principal et la prochaine étape étaient de trouver des emplois. Dans la même semaine que notre visite à la Passauer Straße, un couple de photographes nous offrit de faire gratuitement des photos de passeport pour les demandeurs d'asile. Génial ! Nous pouvions donc rehausser la qualité de nos curriculum vitæ avec des photos professionnelles, et gratuites par-dessus le marché. De plus, de nombreux bénévoles avaient de bons contacts dans tous les secteurs possibles, ce qui donna un gros coup de pouce à notre recherche d'emploi. Tout commençait à prendre forme sans que nous rencontrions trop de problèmes. Des circonstances presque parfaites...

Nous commençâmes à communiquer directement avec les entreprises. Leur feed-back était très positif. Non seulement elles étaient entièrement ouvertes et disposées à embaucher des demandeurs d'asile, mais elles avaient en plus une vision à long terme : les réfugiés devraient d'abord se familiariser avec l'entreprise, observer son fonctionnement, acquérir de l'expérience professionnelle et apprendre le vocabulaire technique. Ensuite, ils obtiendraient un poste de formation et se spécialiseraient afin de décrocher un vrai emploi un jour. C'était un bon plan. Bientôt, nos jeunes hommes se rendraient à des entretiens d'embauche et auraient la chance d'avoir accès à une formation, à un vrai métier. Bientôt, leur vie prendrait un tournant positif. Tout convergeait dans la bonne direction. Le projet semblait être une vraie réussite et cette pensée m'emplit d'un sentiment d'accomplissement.

En moins d'un mois, beaucoup de choses s'étaient passées. D'abord, nous avions reçu une offre d'emploi d'une entreprise de plomberie. Elle avait déjà manifesté son intérêt d'embaucher un demandeur d'asile l'été précédent. Le chef d'entreprise souhaitait maintenant offrir un poste à long terme. La personne retenue travaillerait d'abord comme auxiliaire, puis elle recevrait une formation d'installateur sanitaire. Ce ne serait pas simple, mais ça restait faisable. Mesfin qui décrocha l'emploi, est aujourd'hui encore le seul de nos demandeurs d'asile à avoir obtenu un permis de travail de six ans.

Khalid, quant à lui, posa sa candidature pour un poste de facteur. Il avait décidé que c'était ce qu'il voulait faire. Pendant l'entretien d'embauche, il se fit même demander s'il voulait vraiment être facteur ou s'il avait simplement besoin d'un travail. Il répondit de façon très claire et dans le meilleur allemand qu'il put : « Carolina a demandé : "Que veux-tu faire comme travail ?" J'ai répondu : "Facteur". »

Cette réponse lui valut beaucoup de points. Même s'il n'avait jamais encore travaillé comme facteur, qu'il n'avait pas de permis de conduire et que ses connaissances de l'allemand étaient très limitées, il fut embauché pour une durée déterminée.

Ensuite, nous reçûmes dix autres offres d'emploi pour nos demandeurs d'asile, cette fois pour occuper des postes de manutentionnaires dans une grande entreprise. Il s'agissait d'engagements temporaires prévus pour une courte période, mais avec possibilité de renouvellement et d'embauche à long terme. C'était bon signe. La population comme les entreprises manifestaient leur intérêt.

C'est à moi que revint la grande responsabilité de déterminer qui parmi les demandeurs d'asile feraient de bons manutentionnaires. Devais-je opter pour ceux qui parlaient mieux allemand ou plutôt pour les hommes plus âgés qui avaient moins de chances d'être choisis pour une formation ? J'arrêtai finalement mon choix sur les plus jeunes ayant de bonnes connaissances de l'allemand. Ils venaient d'Érythrée, de Somalie et de Syrie. Tous les efforts déployés pour rédiger les curriculum vitæ avaient porté leurs fruits. Nous pouvions enfin nous en servir. Les enseignants et moi convînmes qu'à partir de maintenant, ils simuleraient régulièrement des entretiens d'embauche pendant les cours. Nos dix jeunes hommes décrochèrent les postes en entrepôt. Au début, ce n'était que pour quelques mois. Heureusement, tous les contrats furent renouvelés.

Alors que nous étions encore occupés à préparer les migrants aux entretiens d'embauche, nous apprîmes que l'État allait se charger de donner des cours d'allemand professionnels. Le groupe ciblé : les étrangers et les étrangères qui, à l'entrée en vigueur de la mesure, possèdent une autorisation de séjour ou une attestation de demandeur d'asile (BüMA), qui ne sont pas originaires d'un pays sûr au sens de l'article 29a de la loi sur l'asile et qui chercheront vraisemblablement à séjourner de façon légale et permanente en Allemagne. Autrement dit : les migrants venant de Syrie, d'Érythrée, d'Irak et d'Iran.

Cette mesure étatique allégea notre travail. Par exemple, Mesfin put commencer à suivre un cours d'allemand professionnel de 320 heures tout de suite après son embauche.

Très rapidement, nous perdîmes la moitié de nos élèves. Nos classes bénévoles se vidèrent, donnant l'occasion à nos enseignants de prendre une pause bien méritée.

Des parrainages bénéfiques

Cette aide de l'État ne signa pas pour autant la fin de notre travail. Nous avions mis sur pied un système visant à trouver des emplois aux demandeurs d'asile, mais il y avait encore et toujours le problème de la langue, du moins pour tous ceux qui n'avaient pas droit aux cours professionnels. Comment arriveraient-ils à se trouver un emploi en parlant à peine allemand ? Ils ne pourraient pas tout simplement se contenter de dire « Je m'appelle Alamin et je viens d'Érythrée ». Nous nous donnions beaucoup de mal pour donner des cours de qualité, mais ça ne semblait pas suffisant.

Je voulais trouver un moyen d'exposer de façon plus intensive les demandeurs d'asile à un environnement germanophone. La solution : le parrainage. Nous commençâmes donc à mettre les demandeurs d'asile en contact avec des parrains ou marraines potentiels. Encore une fois, j'avais le sentiment de faire un pas en avant dans notre programme de soutien. Le parrainage procurait une occasion idéale d'apprendre à connaître et de mieux comprendre la culture allemande et les normes sociales du pays. Mais il offrait beaucoup plus que cela : il permettait aux demandeurs d'asile de rencontrer de nouvelles personnes et de se faire de vrais amis en dehors de leur cercle de compatriotes. Mon objectif était de trouver un parrain ou une marraine pour chacun des migrants. Cours d'allemand, travail, parrainage : tels étaient les ingrédients de ma recette personnelle pour assurer l'intégration des immigrants.

L'organisation de la première rencontre entre parrains et protégés fut très intéressante. Je devais former des duos en me demandant quelles personnes iraient bien ensemble. Le parrainage constituait pour chacun des réfugiés une nouvelle chance, une nouvelle occasion de s'intégrer. Les décisions que j'allais prendre pouvaient donc être lourdes de conséquences. Les Érythréens de la Passauer Straße furent les premiers à se voir attribuer un parrain. Ils étaient visiblement nerveux. Ils devaient maintenant quitter provisoirement leur cocon protecteur, le groupe d'Érythréens, pour plonger seuls dans la culture allemande. Il s'agissait d'un grand pas pour chacun d'eux. Lorsque Libena fit la connaissance de son parrain Peter, il souriait plus qu'à l'habitude. C'était de toute évidence un sourire nerveux. Peter était venu accompagné de ses deux filles, âgées de quatre et six ans. Son approche était très bonne. Il présenta Libena à ses filles. Timides, elles se cachèrent derrière leur papa. Malgré cela, elles contribuèrent à briser la glace. Ce que Peter dit à Libena me plut beaucoup : « Salut, je suis ici pour t'aider. Nous pouvons nous voir régulièrement et nous pouvons devenir amis. » Ami, quel joli mot ! Un mot-clé même, car un ami était justement ce dont chaque demandeur d'asile avait vraiment besoin. Cette scène me toucha et m'émut.

Ella s'occupait de Sheshy. L'histoire de leur rencontre est aussi très intéressante. Lorsque je revins de vacances, la première chose que me dit Sheshy fut : « Salut, Carolina, j'ai besoin d'un vélo. Un vélo digne du Tour de France. » Je m'étais dit qu'il avait dû regarder le Tour de France pendant l'été et que cette compétition l'avait motivé à faire du vélo. Jusqu'à ce moment-là, il n'avait encore jamais dit un mot. Il s'était toujours contenté d'observer. Cette fois-ci, il semblait vraiment sûr de lui et certain de ce qu'il voulait. Il me raconta qu'il avait été un bon cycliste en Érythrée et membre d'un club. Maintenant, il voulait aussi s'entraîner en Allemagne. J'étais très étonnée.

J'avais fait la connaissance d'Ella une semaine auparavant. Elle était journaliste et je savais qu'elle avait beaucoup de contacts. Peut-être pourrait-elle nous aider à trouver un vélo de course pour Sheshy. Et effectivement, elle trouva rapidement une solution. Ella avait déjà interviewé Jan Ullrich, le célèbre coureur cycliste. Elle lui demanda donc spontanément s'il pouvait nous aider avec la recherche de vélo, ce qu'il fit avec plaisir. Comme M. Ullrich avait une tonne de vélos dans son garage, il n'hésita pas à en donner un à Sheshy. Quel généreux geste de sa part ! Évidemment, Sheshy ne put contenir sa joie en recevant le superbe vélo. C'est ainsi qu'Ella devint la marraine de Sheshy.

J'aimais beaucoup Sheshy. Il était toujours très poli et prenait des nouvelles de mes fils. Il avait fait leur connaissance lors d'un événement que j'avais organisé.

Chaque fois qu'ils se voyaient, ils jouaient ensemble. Il arrivait toujours à faire rire mon plus jeune et il jouait au foot avec mon fils plus âgé. Comme Sheshy était très sportif, il se servait de cet intérêt pour s'intégrer. Le professeur de capoeira de Poing encouragea les demandeurs d'asile à participer à ses cours. Sheshy se montra intéressé et intégra le groupe sur-le-champ. Il se rendait régulièrement aux entraînements, si bien qu'il devint rapidement très fort dans ce sport. Quelques mois plus tard, il reçut même sa première ceinture lors d'une cérémonie du Batizado.

Avant de faire la connaissance d'Ella, Sheshy aimait rester seul. Je ne le voyais jamais avec d'autres personnes. Il souriait rarement, regardait souvent par terre et n'entreprenait pas grand-chose avec nous. Par contre, il se rendait régulièrement au cours d'allemand et était très poli. Mais depuis qu'il connaissait Ella, son comportement changea. Il semblait plus joyeux. Comme par enchantement, Ella réussit à faire apparaître un sourire permanent sur son visage et à lui insuffler une énorme dose de confiance. Bientôt, il réussit même à se trouver un travail. C'était fantastique d'être témoin d'un parrainage si fécond. Évidemment, ce ne pouvait être le cas de tous les parrainages.

Récemment, un couple âgé s'était présenté à notre Café international. Ils étaient tous deux originaires de Poing et voulaient absolument aider un jeune Afghan du gymnase, Mohammad. Ils avaient fait sa connaissance au terrain de sport, le week-end précédent. Ce couple faisait partie de la génération qui avait vu et connu de nombreux réfugiés après la Seconde Guerre mondiale. À l'époque, ils avaient eux-mêmes eu de la difficulté à s'en sortir et ne pouvaient donc pas aider les migrants. Aujourd'hui, la situation était différente. Ils ne manquaient de rien. Ils vivaient dans un pays sûr et menaient une belle vie. C'était le bon moment pour eux de venir en aide à ceux qui en avaient besoin. La vie leur avait tant apporté, et ils voulaient à présent donner en retour.

Après quelques mois, nous avions déjà effectué 20 jumelages définitifs et le projet continuait de prendre de l'ampleur. Des étudiants de l'université de Ratisbonne nous offrirent de lancer un projet universitaire visant à sensibiliser davantage la population et à trouver de nouveaux parrains et marraines. Grâce à cette initiative, nous gagnâmes 20 parrains de plus.

Dans les nouvelles, j'entendais beaucoup de choses négatives par rapport aux demandeurs d'asile. Il n'était malheureusement pas rare que des hébergements soient incendiés ou que des commentaires racistes soient publiés en ligne. Pourtant, ce n'était pas représentatif de ce que j'avais vécu personnellement dans ma commune. Les réactions des habitants de Poing me redonnaient confiance en l'humanité. Nombreux étaient ceux qui avaient accueilli les demandeurs d'asile à bras ouverts et qui leur donnaient ce qu'ils pouvaient. Selon moi, en tant qu'êtres humains, il est de notre devoir fondamental d'apporter de l'aide à ceux qui sont dans le besoin. Autrement, nous ne pouvons pas prétendre vivre dans une société moderne et ouverte.

La fête de remerciement

Le temps passait. Notre projet s'était mis en branle il y avait plus de deux ans. Nous travaillions bénévolement pour soutenir les réfugiés. Nous avions réussi à faire bouger beaucoup de choses au sein de la commune. Il était maintenant temps d'organiser une fête de remerciement pour les bénévoles. Le maire avait même trouvé un commanditaire pour l'occasion. Le timing parfait !

Ce n'était évidemment pas notre première fête. Toutefois, vu l'accroissement du nombre de bénévoles au fil du temps, celle-ci allait avoir plus d'envergure que toutes les autres. C'était aussi notre première fête où personne n'aurait besoin d'apporter quelque chose à manger : on cuisinerait pour nous !

Et comme sans réfugiés, il n'y a pas de bénévoles, les demandeurs d'asile furent également invités. Le maire et sa femme étaient aussi présents. Dans notre groupe de bénévoles, il y avait un DJ qui s'était porté volontaire pour s'occuper de la musique.

La fête commença. Nous étions assis en petits groupes, bavardant et savourant notre repas. L'ambiance était calme malgré la musique de fond. À un moment donné, les Arabes se saisirent des tam-tams que nous apportions toujours lors de nos fêtes, et commencèrent à les battre avec énergie. Quelle surprise ! Normalement, ce sont les Africains qui jouaient du djembé pendant nos événements, pas les Syriens. Ils se mirent ensuite à chanter très fort et sans retenue. Les spectateurs commencèrent à taper des mains, à rire et à danser. Ce fut au tour des Syriens d'être surpris ! Ils tambourinèrent avec encore plus d'entrain.

Les réfugiés étaient visiblement heureux. Après tout, il on ne faisait pas la fête tous les jours. Ils n'avaient pas souvent l'occasion de danser. Les bénévoles aussi étaient contents. C'était simplement merveilleux de voir les bénévoles et les réfugiés danser ensemble. Cette étroite symbiose entre ces deux groupes différents de par leurs horizons, leurs couleurs de peau et leurs nationalités me montra que la fête était un vrai succès. Des heures durant, tout le monde présent s'amusait. Ordre d'expulsion, guerre, craintes pour l'avenir...

Tous ces concepts n'importaient plus le temps d'une soirée. La musique avait pris le contrôle, mettant de côté les problèmes et les soucis de tout un chacun. Ce jour-là, la paix régnait dans les cœurs. Nous savions que de nombreux demandeurs d'asile ne pourraient pas rester en Allemagne, et eux le savaient peut-être aussi. Mais pendant ces quelques heures de répit, ça n'avait plus aucune importance.

Un jeune Iraqien était assis à côté de moi. Journaliste, il avait été menacé de mort par l'État islamique à trois reprises et avait donc dû fuir le pays pour sauver sa vie. En arrivant à Poing, il était déprimé et n'arrivait pas à dormir. Il me dit alors, en anglais : « Je suis content de voir qu'il y a des gens en Allemagne qui ont envie de faire la fête avec nous. » « Évidemment, répondis-je, évidemment que nous voulons fêter avec vous ! » Il poursuivit : « J'ai toujours peur que les gens d'ici ne m'aiment pas et qu'ils me fassent du mal. » Je répliquai : « Alors, passe du temps dans notre groupe et profite de ce que nous offrons. C'est l'occasion pour toi de te créer un réseau de bonnes personnes. » Il hocha la tête.

Je garderai toujours dans mon cœur les fêtes organisées pour les réfugiés et les bénévoles au cours des deux dernières années. J'espère que les demandeurs d'asile s'en souviendront eux aussi pendant longtemps. Peut-être n'avons-nous pas d'avenir commun, mais nous avons du moins parcouru un bout de chemin ensemble.

En tant que bénévoles, nous pensons toujours que nous apprenons un tas de choses aux réfugiés. Mais après cette fête de remerciement, je pris conscience de tout ce qu'eux nous avaient apporté. En plus de nous avoir fait découvrir leur culture, leur nourriture, leurs traditions et leur histoire, ils nous avaient inculqué leur façon de voir la vie. Ils vivaient le moment présent, chose qui était pratiquement impossible pour moi. Alors qu'en Europe le stress fait presque toujours partie de notre vie professionnelle et même personnelle, les réfugiés adoptent une tout autre attitude. Ils ne connaissent pas le stress. Dans le Tiers monde, où la pauvreté, la faim et la guerre règnent, la pensée « le temps, c'est de l'argent » ne s'applique pas. À défaut d'avoir de l'argent, les gens ont du temps. Le temps appartient à tout le monde. Les réfugiés ne découvrent le sens occidental de stress qu'après avoir traversé la Méditerranée. C'est la première chose qu'ils apprennent en arrivant en Europe. Au cours des premières semaines suivant l'arrivée de réfugiés à Poing, nous devions toujours leur répéter ce que signifiait la ponctualité. Cette notion est très difficile à saisir, voire incompréhensible, pour les nouveaux venus. Combien de fois avons-nous attendu après nos demandeurs d'asile... !

Toute ma vie, je me suis mis de la pression pour respecter les échéances. Seules quelques situations arrivaient à me libérer du stress, comme danser la salsa ou prendre un bon bain chaud. Vivre sans stress, c'est une valeur que j'ai apprise auprès des réfugiés. Est-ce que j'y arrive ? Pas encore.

La ligne d'arrivée

Le 3 octobre 2015, journée de l'unité allemande, c'est le grand jour. Ma famille et moi quittons la maison et prenons la voiture, direction Anzing. Aujourd'hui a lieu la traditionnelle course dans les bois. On compte plus de 1 000 participants. Mon mari courra 10 kilomètres, mes enfants 700 mètres et moi 5 kilomètres. Mes enfants sont un peu excités. Ils n'ont encore jamais participé à une course. Ils ne se sont pas non plus entraînés et ignorent donc ce qui les attend. Mais la plus nerveuse de tous, c'est moi. J'ai invité ma famille à cet événement parce qu'un groupe de demandeurs d'asile de

Poing participe à la course, et je courrai avec eux. C'est la sous-préfecture qui a eu l'idée : elle a proposé d'inscrire les réfugiés des environs à cette course. Des commanditaires ont également accepté d'assumer les frais d'inscriptions des migrants. Près d'un tiers des demandeurs d'asile de Poing ont accepté l'invitation.

Il y a deux groupes de réfugiés et de bénévoles : un premier groupe qui courra 10 kilomètres, et un autre qui vise un parcours de 5 kilomètres. Les préparatifs en vue de cette course ont été quelque peu chaotiques et cela a pris beaucoup de temps avant que la liste de coureurs ne soit prête. En effet, des réfugiés ont continué de donner leur nom jusqu'à la veille de la course. À un moment donné, j'ai dû remettre la liste aux organisateurs. Par chance, ils se sont montrés très flexibles et ont accepté des ajouts encore une heure avant le départ.

À 8 h 45, ma famille et moi sommes déjà là.

Il est un peu tôt, mais il y a déjà beaucoup de monde. Les bénévoles et les réfugiés arriveront dans une demi-heure. C'est suffisamment de temps pour aller chercher leurs numéros et leurs maillots. Je suis un peu agitée et me pose trop de questions : vont-ils arriver à l'heure ? Vont-ils tous se présenter ? Porteront-ils tous leurs chaussures de course ? Je dois arrêter d'y penser, je ne peux plus rien faire de toute façon. Je fouille la pile contenant les dossards du groupe de réfugiés pour trouver ceux qui portent le nom de mes demandeurs d'asile. Je les trouve tous en moins d'une minute. Ce petit exercice me montre à quel point je connais bien les noms de presque tous mes réfugiés. Chaque nom est profondément ancré dans ma mémoire. Et pourtant, ce ne sont pas des noms typiques et familiers à mon oreille comme Maier, Huber, Smith, Johns, Laporte ou Leroy. Ce sont des noms arabes, érythréens ou africains. L'homme responsable des piles de numéros a l'air étonné. Il me demande : « Waouh, tu as déjà terminé ? Comment as-tu fait pour aller si vite ? » « Ce sont comme mes enfants », dis-je en riant.

Peu de temps après, je vois mon monde arriver. Je souris, je peux enfin me détendre un peu. Ils sont venus. Je remets à chacun un maillot et un dossard. Tous semblent être heureux et totalement relaxes. Je suis la seule à être agitée, dans le bon sens du terme. Je sens l'adrénaline courir dans mes veines. J'aime organiser des événements. C'est toujours un plaisir pour moi de réunir des gens pour entreprendre ou fêter quelque chose. La couleur de la peau, la nationalité et la religion n'ont alors plus aucune importance. Ce qui compte, c'est l'unité que nous formons. L'objectif commun d'aujourd'hui : courir. Que le meilleur coureur gagne ! Nous serons tous fiers de lui. Chacun donnera le meilleur de lui-même. Tout le monde repartira gagnant, et le plus rapide gagnera la course par-dessus le marché.

J'aperçois Lea. Elle a apporté les casquettes. Nos casquettes. Je voulais que notre groupe ne passe pas inaperçu, c'est pourquoi tout le monde porterait des casquettes. Beate, qui a beaucoup de contacts, a réussi en trois jours à récupérer assez de casquettes pour tout le monde. Sur chacune d'elles, nous avons inscrit notre devise, écrite à la main et agrémentée d'une jolie retaille de tissu : Wir ♥ Poing ! (Nous ♥ Poing !) Ce message signifie : « Nous nous sentons chez nous à Poing. Donnez-nous une chance s'il vous plaît. »

En nous rendant au terrain de sport, je remarque d'anciens demandeurs d'asile de Poing. Ils me sourient lorsqu'ils me reconnaissent. Je vais à la rencontre d'un Érythréen dont j'ai oublié le nom, lui donne la main et lui demande comment il va et où il vit désormais. Il me répond : « C'était mieux à Poing. S'il te plaît, demande à ce qu'on me transfère à Poing ! » Je le regarde tout sourire et ne réponds pas. Je hoche la tête, même si nous savons tous deux que ce n'est pas possible. Je me rappelle tout à coup la fois où je l'avais croisé avec son ami Bhata devant le supermarché. Je leur avais demandé comment ils se sentaient à Poing et les deux jeunes hommes étaient heureux d'avoir quelqu'un à qui raconter leur vie. Je m'en souviens comme si c'était hier. La discussion n'avait duré qu'une demi-heure, mais elle nous avait transportés dans une autre dimension, là où on peut rêver et développer de nouvelles idées ensemble. C'était un moment très spécial, inestimable. Le genre de moments qui me poussent à travailler avec les gens.

Ça y est, il est 10 h. Le premier groupe se prépare pour sa course de 10 kilomètres. Ceux du deuxième groupe, moi y compris, s'asseyent sur le bord du chemin et veillent sur les sacs, lunettes et vestes des coureurs. J'espère vraiment qu'un membre de notre groupe fera un bon temps. Je ne sais pas si quelqu'un parmi nous est doué en course ni s'il est possible de faire un bon temps. Les préparatifs ne se sont pas déroulés de manière optimale et ce matin, j'ignorais encore si tout le monde avait des chaussures de sport.

À vos marques, prêts, partez ! Le signal de départ est donné. Tous les coureurs se mettent en branle. Mon cœur bat vite. Nous crions tous des encouragements, mes enfants aussi. C'est un moment très intense. Les demandeurs d'asile sont à l'avant. Ils sprintent pour dépasser les concurrents. Pourquoi courent-ils si vite ? Ils ont encore 10 kilomètres à faire. Ce n'est pas la meilleure stratégie. Ils ne sont pas habitués. Pour nos jeunes hommes de Poing, il s'agit de la première course, de la première compétition sportive, à laquelle ils participent. Ils sont fiers de pouvoir y prendre part. Et moi, je suis fière de chacun d'entre eux. De mes enfants et de mon mari, aussi. Et même de moi. Le sport unit. Le sport rapproche les gens. Le sport est comme un aimant.

Nous avons maintenant le temps de nous asseoir et de bavarder un peu. Nous profitons du soleil. Il fait encore chaud pour un 3 octobre.

Ce que j'apprécie le plus dans mon travail auprès des demandeurs d'asile, c'est le sourire qui m'est offert chaque fois que je vois un des réfugiés que ce soit une rencontre fortuite dans la rue ou lors d'une de mes visites. Il s'agit d'un sourire franc, qui vient directement du cœur. Un sourire qui vaut mille mots. Une forme de communication sans dialogue permettant quand même d'atteindre une compréhension mutuelle. À mes yeux, ce processus est très intéressant. Souvent, c'est loin d'être facile et ça prend beaucoup de temps. Mais du temps, ils en ont justement à revendre. Le temps n'est pas un problème pour eux. Parfois, le temps n'existe tout simplement pas. Seules la patience, l'ouverture et la créativité ont de l'importance. Et arrivent à faire des merveilles. Lorsqu'une personne réussit finalement à transmettre son message, il est fascinant d'observer à quel point tous les interlocuteurs semblent soudain si contents et détendus. C'est comme s'ils avaient atteint un objectif, gagné une course ou du moins franchi une étape.

On nous fait savoir que le premier groupe arrive bientôt. Le vainqueur a couru les 10 kilomètres en 32 minutes et 20 secondes. Le cinquième à l'arrivée est le premier demandeur d'asile. Le suivant arrive en 21ᵉ position. Il s'agit d'Idiris, le premier demandeur d'asile de Poing, qui finit la course en 38 minutes. Sheshy met 44 minutes pour atteindre la ligne d'arrivée et se place au rang 83. Idiris est déçu. Il se plaint de ne pas avoir de bonnes chaussures. Il a souvent glissé. Je me dis que j'essaierai de lui trouver de meilleures chaussures la prochaine fois. Peut-être devrais-je l'inscrire à un club d'athlétisme... Trop d'idées se bousculent dans ma tête.

Les coureurs arrivent petit à petit. Il y a quelques jours, Alban a voulu se décommander, mais il a changé d'idée lorsque je lui ai présenté son numéro de dossard ce matin. Je le vois maintenant à quelques centaines de mètres de la ligne d'arrivée, visiblement épuisé. J'accours vers lui et cours les derniers mètres à ses côtés. Il réussit à terminer la course, comme les autres.

Le deuxième tour commence. J'en fais partie. La course n'est pas mon fort, mais je souhaite vraiment faire quelque chose avec « mes » bénévoles et demandeurs d'asile. Cela m'apporte un sentiment d'appartenance.

Suis-je prête ? Pas vraiment. La forte musique me donne plus envie de danser que de courir. Je préférerais vraiment danser. La course commence. Je cours au rythme de la musique. Nous passons devant l'ensemble de tambours. Ils jouent de leur instrument pour nous. Ils nous encouragent. J'essaie de courir en suivant leur rythme. J'atteins maintenant le bois. Il fait plus frais ici. Ça me fait du bien. Au bout du troisième kilomètre, je me demande pourquoi j'ai décidé de courir. Je ralentis un peu et essaie de régulariser mon souffle. C'est alors que j'aperçois Karim. Il se trouve sur le bord du chemin. Il est blessé. Il s'est fait mal en jouant au football hier. Je ne peux pas m'arrêter maintenant, je dois continuer à courir. C'est le défi que j'ai voulu relever. Un ami s'occupe déjà de Karim. Tout à coup, ils me rattrapent tous deux. Lorsque Karim arrive à ma hauteur, je lui conseille d'être prudent : « Fais attention à ton genou ! » Il me crie un « oui » en retour et poursuit sa course. Au dernier kilomètre, je le vois à nouveau. Il s'est arrêté, comme s'il voulait m'attendre. « Es-tu fatiguée ? », me demande-t-il. Mon visage est écarlate. J'ai envie de rire. Je dois me concentrer et continuer à courir. Évidemment que je suis fatiguée, mais je veux terminer la course. Et lui, il est blessé. Nous courrons donc le dernier kilomètre côte à côte, sans parler. Je me concentre sur ma progression, un pas à la fois, tout en pensant à Karim qui doit être déçu. Il n'a pas pu montrer ce dont il était capable aujourd'hui. Malheureusement. Par contre, pour moi c'est agréable de courir avec lui. Je ne me sens pas seule.

À l'approche de la ligne d'arrivée, je prends sa main et lui lance : « Ce bout-là, on le fait ensemble ! » Dès que je tiens sa main, il accélère, si bien que j'ai la sensation de voler. Quel beau moment, quel sentiment de liberté, d'unité et de joie. C'est incroyable ! Nous y sommes parvenus ensemble ! Les autres, qui nous attendaient, nous accueillent sous une pluie d'encouragements. Oui, ensemble, nous avons tous réussi. Cette image restera longtemps gravée dans ma mémoire. Je ne l'oublierai jamais. C'est le fruit de mon travail, de notre travail de bénévoles à Poing. Oui, ensemble, nous pouvons tout réussir.

Épilogue

En deux ans, nous fîmes la connaissance de plus de 400 demandeurs d'asile à Poing. Certains ne firent qu'un cours séjour chez nous, d'autres restèrent plus longtemps. Il y en a même qui sont encore parmi nous.

Les Khaled et leurs enfants sont déménagés à Mittelteich, où ils vivent toujours. Ils se sont bien intégrés. Le garçon le plus âgé, Abdel, parle maintenant bien allemand et fait même office d'interprète pour le groupe de bénévoles de Mittelteich. Et il en est très fier. Aziz n'a toujours pas de travail et je pense qu'il n'a pas encore réussi à vendre sa maison à Jérusalem. La population de Mittelteich a accueilli la famille à bras ouverts. Une voisine d'abord un peu réticente a même affirmé plus tard : « Je dois avouer que c'est pratiquement la meilleure chose qui pouvait arriver à notre village... »

Nahom a été transféré à Grafing. Sept mois plus tard, il est revenu à Poing pour nous rendre visite. Il nous a raconté qu'il allait bien. Comme son allemand ne s'était pas amélioré, il n'était toujours pas possible d'avoir une discussion avec lui. Toutefois, il avait l'air visiblement heureux de nous voir. Il a pris des nouvelles des anciens enseignants, car il n'en connaissait qu'un seul parmi les enseignants actuels. Tous les autres étaient nouveaux. Était-il heureux à Grafing ? Oui, mais Poing lui manquait. Je pense que ce sont les liens que nous avions tissés qui lui manquaient.

Mariam et sa fille ont été envoyées à Munich.

Les quatre Pakistanais vivent toujours à Poing et attendent depuis plus de deux ans la réponse à leur demande d'asile. Les Nigériens, les Sénégalais et les Somaliens, de même que les réfugiés du Mali, de la Sierra Leone et de la Tanzanie attendent eux aussi de connaître l'issue de leur procédure d'asile.

Alban, notre Congolais, ne travaille plus à la déchetterie : il a obtenu un emploi à durée indéterminée dans un hôtel de Munich. Le job à 1 euro l'avait énormément aidé à se familiariser avec le monde du travail allemand. Six mois plus tard, il perdait la vue complète de son œil droit en raison d'un glaucome. Heureusement, l'autre œil a pu être sauvé.

Les dix demandeurs d'asile qui avaient obtenu les postes de manutentionnaires dans une grande entreprise travaillent toujours là-bas. Ils ont tous décroché un contrat de trois ans.

Quatre de nos demandeurs d'asile ont été admis dans un programme de l'université Louis-et-Maximilien de Munich afin de poursuivre leurs études. D'autres attendent déjà la prochaine période d'inscription.

Presque tous les Érythréens et les Syriens qui se sont arrêtés à Poing ont été reconnus comme réfugiés.

Les Syriens de la Berliner Straße ont dû quitter la maison en avril 2016 pour aller s'installer dans le gymnase, car la commune en avait besoin pour les sans-abri. Comme ils ont déjà obtenu le statut de réfugiés, ils doivent maintenant trouver un logement, un véritable casse-tête. Comme je l'ai déjà expliqué en détail dans le livre, il s'agit d'un défi de taille, même pour les migrants reconnus.

Les résidents du gymnase ont été répartis au fur et à mesure aux quatre coins de la région d'Ebersberg. Au fil du temps, nous avons perdu contact avec eux.

Récemment, un nouveau gymnase a ouvert ses portes à Poing pour héberger les demandeurs d'asile, offrant 300 places de plus. Nous avons donc dû restructurer notre organisation, une fois de plus. La durée de séjour des migrants à Poing demeure comme toujours incertaine.

Cartes

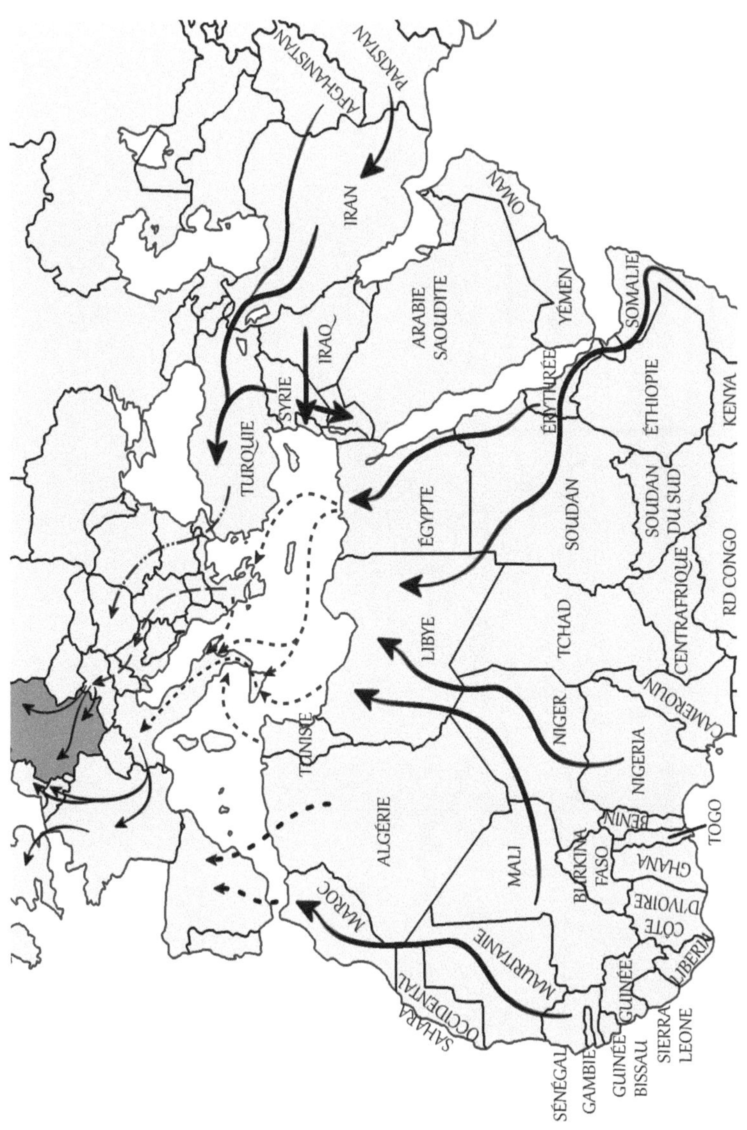

Carte 1 : routes migratoires (vue d'ensemble)

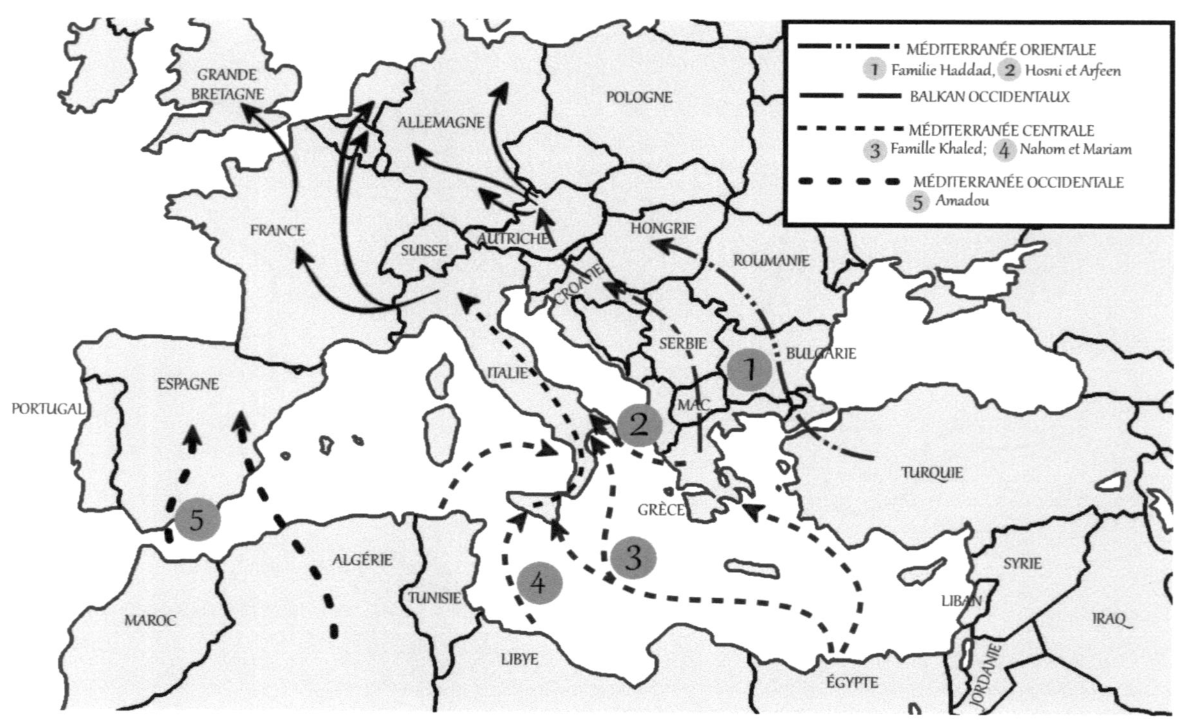

Carte 2 : routes migratoires vers l'Europe et en Europe

Déroulement de la procédure d'asile allemande

Source : Bundesamt für Migration und Flüchtling, au 31 décembre 2015.

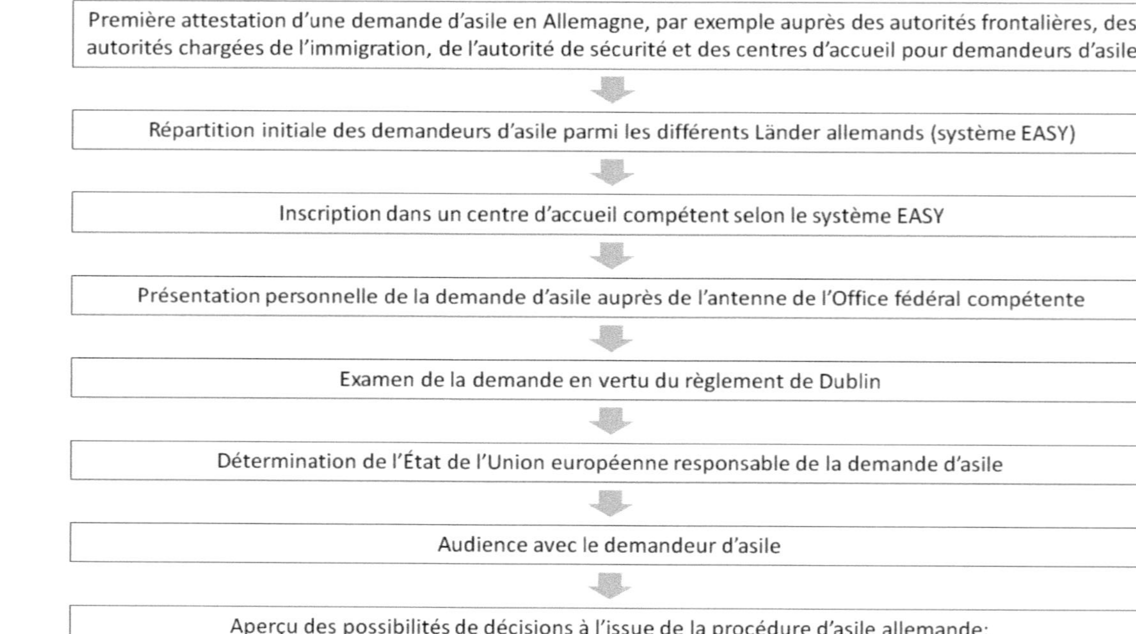

Déroulement de la procédure d'asile allemande[1]
Première attestation d'une demande d'asile en Allemagne, par exemple auprès des autorités frontalières, des autorités chargées de l'immigration, de l'autorité de sécurité et des centres d'accueil pour demandeurs d'asile
Répartition initiale des demandeurs d'asile parmi les différents Länder allemands (système EASY)
Inscription dans un centre d'accueil compétent selon le système EASY
Présentation personnelle de la demande d'asile auprès de l'antenne de l'Office fédéral compétente
Examen de la demande en vertu du règlement de Dublin
Détermination de l'État de l'Union européenne responsable de la demande d'asile
Audience avec le demandeur d'asile
Aperçu des possibilités de décisions à l'issue de la procédure d'asile allemande:

Octroi du statut de réfugié, et le cas échéant, du droit d'asile

Octroi de la protection subsidiaire

Rejet du statut de réfugié ou du droit d'asile

Interdiction d'expulsion

Rejet du statut de réfugié, du droit d'asile ou de la protection subsidiaire

Rejet du statut de réfugié, du droit d'asile, de la protection subsidiaire ou de l'interdiction d'expulsion

Menace d'expulsion dans un délai de 30 jours

Rejet d'une demande manifestement non fondée du statut de réfugié, du droit d'asile ou de la protection subsidiaire

Rejet de l'interdiction d'expulsion

Menace d'expulsion dans un délai d'une semaine

Voie de recours

Délai de recours de deux semaines

Délai de recours de deux semaines

Délai de recours de deux semaines

Délai de recours d'une semaine

Le recours a un effet suspensif (= la menace d'expulsion ne peut être exécutée avant la fin de la procédure judiciaire)

Procédure accélérée (but : octroi de l'effet suspensif) et recours

Droit de séjour/droit de résidence

Obligation de quitter le territoire

Autorisation de séjour de trois ans

Autorisation de séjour d'un an (prolongation possible de deux autres années)

Règle générale, autorisation de séjour d'au moins un an

Exécution de la menace d'expulsion après l'expiration du délai de départ ou la décision rendue par le tribunal administratif

Fiches des pays

Sources : Wikipedia, site Web de la CIA, journal Augsburger Allgemeine

Érythrée

République, indépendante
depuis 1993
Région : Afrique de l'Est
Superficie : 117 600 km²
Capitale : Asmara

Actuellement, le pays vit totalement isolé du reste du monde. Il ne laisse entrer aucun journaliste étranger ou observateur politique. En matière de liberté de presse, l'Érythrée se retrouve depuis des années en dernière position du classement réalisé par Reporters sans frontières, c'est-à-dire derrière la Corée du Nord. Même le dictateur Issayas Afeworki, au pouvoir depuis 1991, soit depuis la fin de la guerre d'indépendance de l'Éthiopie qui s'est échelonnée sur trois décennies, est encore peu connu.

Les Érythréens constituent le deuxième groupe de réfugiés le plus important en Europe. L'année dernière, on en comptait 360 000 vivant à l'étranger, ce qui est énorme considérant une population d'environ 5 millions de personnes. La situation des droits de l'homme dans le pays est extrêmement précaire. En effet, le dictateur a mis en place un système répressif où les gens sont arrêtés, emprisonnés, torturés et tués de façon arbitraire. Parfois, ils disparaissent, sans aucune explication. Selon les rapports des Nations unies, beaucoup d'entre eux sont incarcérés pendant des années sans savoir ce qui leur est reproché. La torture, qui peut prendre la forme de décharges électriques, de simulation de noyade et de sévices sexuels, est monnaie courante. On déplore également le systhrée de service militaire à durée illimitée, où les gens sont forcés comme des esclaves à s'enrôler. Les jeunes doivent commencer le service militaire pendant la dernière année scolaire. Selon le ministère des Affaires étrangères de l'Érythrée, il est limité à 18 mois par la loi, mais le gouvernement justifie la notion de durée illimitée en agitant le spectre d'une attaque de l'Éthiopie.

Congo, République démocratique du

République, indépendante
depuis 1960
Région : Afrique centrale
Superficie : 2 344 858 km²
Capitale : Kinshasa

La République du Congo actuelle a d'abord été une colonie belge, fondée en 1908. C'est en 1960 que le pays proclame son indépendance. Après de longues années de conflits politiques internes, il est dirigé pendant 32 ans par le dictateur Mobutu Sese Seko, jusqu'à ce que ce dernier soit renversé par les rebelles et Laurent-Désiré Kabila en 1997. Le pays est alors renommé « République démocratique du Congo » (RDC). En 1998, le régime de Laurent-Désiré Kabila subit de fortes pressions de la part des rebelles, soutenus par le Rwanda et l'Ouganda. Des troupes viennent alors de l'Angola, de la Namibie, du Soudan et du Zimbabwe pour soutenir Kabila. En janvier 2001, Kabila est assassiné. C'est son fils, Joseph Kabila, qui est nommé chef d'État. Un accord de paix est signé en 2002. En 2006 ont lieu les premières élections libres depuis 1965. Depuis 2009, des conflits entre différents groupes de rebelles font toujours rage dans l'est de la RDC, ce qui provoque d'importants mouvements de population et de graves violations des droits de l'homme. En novembre 2011, des élections nationales sont organisées. Joseph Kabila est alors réélu président à la suite de résultats controversés. Les prochaines élections présidentielles sont prévues pour 2016.

Malgré d'immenses richesses naturelles, la RDC fait aujourd'hui partie des pays les plus pauvres au monde en

raison des décennies d'exploitation et de corruption, des
années de guerre et de l'augmentation continue de la
population.

Mali

République, indépendante
depuis 1960
Région : Afrique de l'Ouest
Superficie : 1 240 192 km²
Capitale : Bamako
Population : 16 956 000

À l'âge d'or du Mali, le pays regorgeait de savants musulmans qui étudiaient les mathématiques, l'astronomie, la littérature et les arts. À la fin du 19e siècle, le Mali devient une partie de la colonie du Soudan français. Ce n'est qu'en 1960 que la République soudanaise et le Sénégal obtiennent leur indépendance de la France, devenant ensemble la Fédération du Mali. Cette fédération éclate peu de temps après, l'ancienne République soudanaise proclamant son indépendance en gardant le nom qu'on lui connaît aujourd'hui. Après des années sous un régime à parti unique, on assiste en 1991 à la signature d'une nouvelle constitution et à l'établissement d'une démocratie multipartite grâce à un coup d'État militaire. Toutefois, en janvier 2012, le conflit armé reprend de plus belle dans le nord du Mali, amenant les rebelles touaregs à proclamer l'indépendance de la région de l'Azawad. Le conflit gagne en complexité lorsqu'un deuxième putsch a lieu en mars 2012 et que d'autres combats entre islamistes et Touareg éclatent. Des centaines de milliers de personnes du nord fuient alors vers le sud du pays ou les pays voisins pour éviter la violence. Ce mouvement de population aggrave la pénurie alimentaire déjà existante dans les pays d'accueil. En janvier 2013, la communauté internationale intervient militairement. En un mois, ses troupes réussissent à reprendre le contrôle de la majeure partie du nord du pays. En juillet et août 2013 ont lieu des élections présidentielles démocratiques, à l'issue desquelles Ibrahim Boubacar Keita est élu. En juin 2015, le gouvernement malien et les groupes armés du nord signent un accord de paix entériné par la médiation internationale.

Nigeria

République fédérale,
indépendante depuis 1960
Région : Afrique de l'Ouest
Superficie : 923 768 km²
Capitale : Abuja

Le Nigeria est un État d'Afrique de l'Ouest ayant des frontières communes avec le Bénin, le Tchad et le Cameroun. De 1861 à 1960, le Nigeria est une colonie britannique. Les nombreuses constitutions promulguées après la Seconde Guerre mondiale accordent au pays beaucoup d'autonomie. En 1960, le Nigeria proclame son indépendance et devient le théâtre de nombreuses tentatives de coups d'État – souvent fructueuses – et d'une succession de régimes militaires. La mort de Sani Abacha en 1998 marque le début d'une nouvelle ère politique. En 1999, l'adoption d'une nouvelle constitution prépare le terrain pour une transition pacifique vers un gouvernement civil. Malgré les irrégularités et la violence propres aux élections présidentielles de 2003 et de 2007, le Nigeria connaît actuellement sa plus longue période de démocratie depuis son indépendance. Lors des élections d'avril 2007, la transition à la tête de l'État se fait de façon démocratique, une première dans l'histoire du Nigeria. Celles de 2011 semblent crédibles aux yeux de la communauté internationale.

En 2015, le People's Democratic Party (PDP), qui était au pouvoir depuis 16 ans, doit céder le pouvoir au All Progressives Congress (APC).

Pakistan

République, indépendante
depuis 1947
Région : Asie du Sud
Superficie : 796 095 km²
Capitale : Islamabad

Au 19ᵉ siècle, le Pakistan est toujours une colonie britannique. Ce n'est qu'en 1947 qu'il déclare son indépendance de l'Inde. Pour beaucoup d'Indiens musulmans, le Pakistan devient alors la nouvelle patrie. La scission de l'Inde cause des déplacements de population sans précédent. Près de 3,5 millions d'hindous et de sikhs quittent le Pakistan pour l'Inde et plus de 5 millions de musulmans quittent l'Inde pour le Pakistan. Depuis la séparation, la région du Cachemire dans le nord-est est disputée et le théâtre de deux des trois guerres qui éclatent entre le Pakistan et l'Inde entre 1947 et 1968. Malheureusement, le conflit perdure encore aujourd'hui.

Depuis les dernières décennies, la politique du pays est encore et toujours marquée par la corruption, la non-rentabilité et des querelles entre les différentes institutions. Ni les gouvernements civils ni les forces militaires n'ont réussi à stabiliser le pays. La démocratie du Pakistan reste fragile. Il n'a pas réussi à se remettre sur pied financièrement non plus. La situation précaire en matière de sécurité et les faibles investissements ont contribué à faire stagner l'économie du pays, et ce, malgré une forte participation du secteur privé. Après les attentats du 11 septembre 2001, le Pakistan doit cesser de soutenir le régime des talibans en Afghanistan et se retrouve soudain en première ligne dans la lutte contre le terrorisme aux côtés des États-Unis. Les forces pakistanaises mènent une lutte acharnée pour reprendre le contrôle des régions qui lui appartiennent le long de la frontière afghane. Le rapport qu'entretient le Pakistan avec les États-Unis se dégrade radicalement en avril 2011, lorsqu'Oussama Ben Laden est assassiné. En effet, les Américains retrouvent le chef d'Al-Qaïda à Abbottabad, une ville à seulement 50 kilomètres au nord d'Islamabad. Le Pakistan avait pourtant toujours réfuté les allégations des États-Unis comme de l'Afghanistan voulant qu'il ait offert un refuge à des membres dirigeants du groupe terroriste.

Sénégal

République, indépendante
depuis 1960
Région : Afrique de l'Ouest
Superficie : 196 722 km²
Capitale : Dakar

Le Sénégal se situe en Afrique de l'Ouest. Le sud du Sénégal francophone, la Casamance, est séparé du reste du pays par le petit État de la Gambie, quasi-enclave d'abord anglophone puis maintenant arabophone s'étendant à l'Est jusqu'à l'océan Atlantique.

Le Sénégal fait partie du monde islamique depuis le 12ᵉ siècle. Aujourd'hui, 90 pour cent des 12 millions d'habitants sont musulmans. La région a d'abord été occupée par différents peuples. En 1895, le territoire est devenu une colonie française. Le 20 août 1960, le Sénégal proclame son indépendance. Il garde tout de même le système multipartite de l'époque coloniale et devient ainsi l'un des seuls États démocratiques du continent africain. Par ailleurs, la dépendance aux quelques produits d'exportation tels que les cacahuètes, les phosphates et la pêche – vestige de la colonisation française – combinée à une croissance démographique rapide et à une dette publique élevée, entraînent à partir des années 80 un appauvrissement de la population et des tensions sociales accrues, dont sont également issues les tentatives de sécession de la Casamance depuis 1982. C'est ce qui explique pourquoi le Sénégal est aujourd'hui dépendant des crédits des pays industrialisés et des États producteurs de pétrole, de même que de l'aide au développement.

Sierra Leone

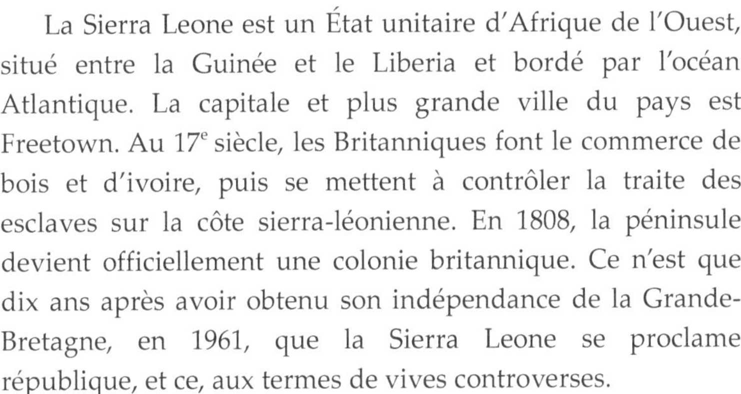

République, indépendante
depuis 1961
Région : Afrique de l'Ouest
Superficie : 71 740 km²
Capitale : Freetown

La Sierra Leone est un État unitaire d'Afrique de l'Ouest, situé entre la Guinée et le Liberia et bordé par l'océan Atlantique. La capitale et plus grande ville du pays est Freetown. Au 17e siècle, les Britanniques font le commerce de bois et d'ivoire, puis se mettent à contrôler la traite des esclaves sur la côte sierra-léonienne. En 1808, la péninsule devient officiellement une colonie britannique. Ce n'est que dix ans après avoir obtenu son indépendance de la Grande-Bretagne, en 1961, que la Sierra Leone se proclame république, et ce, aux termes de vives controverses.

La dernière guerre civile (1999-2002) a fait des dizaines de milliers de victimes, en plus de causer le déplacement de deux millions de personnes, soit près d'un tiers de la population. Depuis, le pays s'affaire à reconstruire ses infrastructures et se penche sur son histoire récente.

Aujourd'hui, l'ancienne colonie britannique est lourdement endettée et aux prises avec des problèmes d'extrême pauvreté. Le pays occupe même depuis des années la dernière position de la liste du Programme des Nations unies pour le développement (PNUD). La crise humanitaire s'est par ailleurs aggravée en 2014 avec l'épidémie d'Ebola.

Somalie

République, indépendante
depuis 1960
Région : Afrique de l'Est
Superficie : 637 657 km²
Capitale : Mogadiscio

La Somalie ou République fédérale de Somalie, est un pays situé à l'extrémité orientale de la Corne de l'Afrique. Elle tire son nom du peuple des Somalis, qui représentent la majorité de la population et aussi établis dans les pays voisins.

La Somalie est créée en 1960 lorsque les anciennes colonies italienne et britannique du Somaliland deviennent indépendantes et sont fusionnées. Le territoire est bordé par l'océan Indien à l'est et le golfe d'Aden au nord. Il partage des frontières avec le Djibouti et l'Éthiopie à l'ouest et le Kenya au sud. Après la chute du régime autoritaire de Siad Barre en 1991, le pays met plus de vingt ans à se doter d'un gouvernement central fonctionnel en raison de la guerre civile qui perdure encore aujourd'hui. Les gouvernements de transition formés sous la tutelle de la communauté internationale à partir de l'an 2000 ne donnent pas les résultats escomptés non plus. De grandes parties du pays tombent aux mains de clans locaux, de seigneurs de guerre, de groupes islamistes radicaux et de pirates.

Le territoire a vu naître de nombreux régimes au cours des années. Le Somaliland, dans le nord-ouest, est le seul à espérer être reconnu comme pays indépendant par la communauté internationale, et ce, depuis 1991. Les autres régions, dont celles du Pount, du Galmudug et de l'Azanie, ont certes proclamé leur autonomie, mais n'ont pas pour autant renoncé à l'idée d'un État somalien commun. Depuis l'entrée en vigueur de la nouvelle constitution le 1er août 2012, ces régions autonomes sont membres de la nouvelle République fédérale de Somalie. En 2012, la lutte contre les milices islamistes radicales enregistre plusieurs succès, ce qui permet en août 2012 d'élire un gouvernement somalien commun, une première en 21 ans, et de lui confier le soin de réorganiser les structures étatiques. Le gouvernement élu pour représenter la Somalie est de plus en plus reconnu par les autres États et organisations internationales.

Syrie

République, indépendante
depuis 1941
Région : Proche-Orient
Superficie : 185 180 km²
Capitale : Damas

Au moment d'écrire ces lignes (printemps 2016), la guerre civile en Syrie a causé la mort de plus de 250 000 personnes et forcé le déplacement de la moitié de la population. Entre l'échec des négociations de Genève sur la Syrie au début de l'année 2014 et les nouvelles initiatives diplomatiques lancées fin 2015, le pays a été marqué par près de deux années de combats permanents. Les fronts se sont stabilisés, à quelques exceptions près. Les barils d'explosifs largués sur les zones résidentielles compliquent la mise en place d'une administration civile dans les régions contrôlées par les rebelles.

Le régime syrien du président Bachar al-Assad a réussi à garder le contrôle d'une mince bande d'importantes villes dans l'ouest du pays et des montagnes des Alaouites dans le nord-ouest. Son armée compte sur l'aide de la milice chiite du Hezbollah libanais et des milices chiites irakiennes, soutenues par des conseillers militaires iraniens, pour lutter contre des rebelles islamistes modérés qui ne cessent de former de nouveaux groupes et unités. De plus, il ne faut pas négliger la participation de l'État islamique et du Front al-Nosra au conflit, deux organisations concurrentes qui entretiennent une étroite relation avec Al-Qaïda.

Jusqu'au début des soulèvements à la mi-mars 2011, bon nombre d'observateurs ne croient pas à une révolte en Syrie. Idéologiquement parlant, le peuple soutenait en effet davantage le régime du pays que les populations des autocraties pro-occidentales de Tunisie ou d'Égypte. Toutefois, la corruption, le pouvoir arbitraire et les mauvaises conditions de vie en Syrie ont fini par attiser la colère des habitants, d'autant plus que les images des courageuses manifestations en Tunisie, en Égypte et en Libye ont fait disparaître la peur face au régime.